kurz gefasst

Philosophische Ethik

Sekundarstufe II

Monika Sänger

Ernst Klett Verlag
Stuttgart Düsseldorf Leipzig

Bildquellennachweis
AKG, Berlin: S. 8, 15, 24, 25, 29, 30, 35, 43
Gianni Dagli Orti/Corbis Stockmarket: S. 5, 6
Archivo Iconografico S.A./Corbis Stockmarket: S. 19
Mimmo Jodice/Corbis Stockmarket: S. 31
Bettmann/Corbis Stockmarket: S. 32

1. Auflage 2002 1 7 6 5 4 3 | 2013 2012 2011 2010 2009
Die letzten Zahlen bezeichnen jeweils die
Auflage und das Jahr des letzten Druckes.

Internetadresse: http://www.klett-verlag.de
E-Mail: klett-kundenservice@klett-mail.de
Druck: Druckhaus Götz GmbH, Ludwigsburg
ISBN 3-12-350625-8

Inhaltsverzeichnis

1 Das Gute und das Glück

Von der Antike bis zur Gegenwart strukturieren zwei klassische Grundfragen die Ethik: „Was ist das Gute?“ und „Was sollen wir tun?“ Die **Ethik des Guten** sucht als Antwort auf die erste Frage das moralische Gute zu begründen und diskutiert Entwürfe des gelingenden Lebens.

1.1 Die griechische Aufklärung

Die abendländische Philosophie und damit auch die Ethik beginnt im 6./5. Jh. v.Chr. in Griechenland, besonders in den griechischen Kolonien an der Küste Kleinasiens. Der rege Handel mit anderen Völkern erweiterte das Wissen und vor allem den geistigen und kulturellen Horizont. Die Auseinandersetzung mit den fremden Kulturen führte auch zu einer Neuorientierung im Denken und Handeln. Kennzeichnend ist vor allem die Lösung vom mythischen Denken, d. h. anstelle der Götter in den **Theogonien** Homers und Hesiods wurden jetzt natürliche, rationale Prinzipien gesucht, um die Welt und die Stellung des Menschen in ihr zu deuten. In der Entwicklung vom **Mythos zum Logos** vollzieht sich die Wende im abendländischen Denken.

Theogonie: *mythische Lehre von der Entstehung der Welt und der Götter*

Mythos: *überlieferte Dichtung, Sage, Erzählung*

Nach dem Zusammenbruch der archaischen Adelsherrschaft in Griechenland kommt es zu großen Umwälzungen im politischen und gesellschaftlichen Leben verbunden mit einem **radikalen Wandel der moralischen Werte und Normen**. Athen wird nach den Perserkriegen (500–479) führende politische, wirtschaftliche und kulturelle Macht. Mit der neuen sozialen und politischen Ordnung, der demokratischen Verfassung Athens entsteht ein Bedürfnis nach Bildung und politischer Mitbestimmung. Die griechische Aufklärung wird besonders durch die **Sophisten** eingeleitet, die als professionelle Wanderlehrer gegen Entgelt wissenschaftliche und politische Bildung und Beredsamkeit lehren. Sie vertreten einen theoretischen und praktischen Relativismus, der Ausdruck in dem berühmten Satz findet:

Sophisten: *(Lehrer der Weisheit) Protagoras von Abdera (ca. 490–420), Gorgias von Leontini (483–375), Schüler: Kallikles und Kritias. Ihre Lehren sind in den platonischen Dialogen überliefert*

„Aller Dinge Maß ist der Mensch, der seienden, wie sie sind, der nichtseienden, wie sie nicht sind.“ (Protagoras)

Damit tritt der Mensch in den Mittelpunkt und wird alleiniger Maßstab für Erkenntnis; sie ist nicht mehr objektiv, sondern subjektiv und wandelbar. Es gibt keine absolute Wahrheit, die unabhängig von der menschlichen Erfahrung erkannt werden kann, es gibt auch keine absolute, für alle verbindliche Ethik mehr. Die moralischen Werte (nomoi) sind nicht mehr Ausdruck einer göttlichen Ordnung, sondern gelten aufgrund von Vereinbarung (thesei). Sie haben unterschiedliche Gültigkeit an verschiedenen Orten und Zeiten. Dementsprechend gelten auch unterschiedliche **Wertmaßstäbe** für das Gute: das Lustvolle, das Recht des Stärkeren, das Naturhafte, das Nützliche – sie richten sich insgesamt an der menschlichen Natur (physis) aus.

Relativismus: *stellt die allgemeine Gültigkeit aller Werte und Normen in Frage*

Nomos: *Brauch, Gesetz, Wert, Konvention*
Physis: *Natur*

Die Epoche der griechischen Aufklärung lässt sich in den Grundbegriffen: Individualismus, Subjektivismus und Relativismus zusammen fassen. Das denkende und handelnde **Individuum** wird zum Mittelpunkt und Maßstab philosophischen Denkens; die **Kritik** der religiösen Überlieferungen, sittlichen Vorschriften, Gesetze und politischen Einrichtungen ermöglicht eine autonome, vernunftbegründete Ethik.

Sokrates *(470–399 v. Chr.), Sohn eines Bildhauers und einer Hebamme*

Bedeutendster Vertreter der griechischen Aufklärung und Begründer einer autonomen philosophischen Ethik ist **Sokrates**. Er wirkte durch seine in der Öffentlichkeit geführten Dialoge, die teilweise von seinen Schülern Xenophon (430–354 v. Chr.) und Platon (427–347 v. Chr.) aufgezeichnet wurden. Unter der Anklage, dass er nicht an die Staatsgötter glaube und die Jugend verführe, wurde er zum Tode durch den Giftbecher verurteilt, den er freiwillig im Kreise seiner Freunde leerte, da er aus Achtung vor dem Gesetz nicht fliehen wollte.

Sokratesbüste

Sokrates hat nichts Schriftliches hinterlassen. Die wichtigsten Quellen für seine Philosophie sind die platonischen Frühdialoge „Apologie", „Kriton", „Eutyphron" und „Phaidon", in denen er als Gegner der Sophisten auftritt. Besonders gefürchtet war die **sokratische Ironie**, die Behauptung der Unwissenheit (ich weiß, dass ich nicht weiß) in dem Bewusstsein, dass das Orakel von Delphi ihn den „Weisesten" genannt hatte.

sokrat. Fragen: *Was ist Tapferkeit? Frömmigkeit? Gerechtigkeit?*

Elenktik: *Widerlegungskunst*

Logos: *(gr. Wort, Rede, Vernunft Lehre) zentraler Begriff der griechischen Philosophie*

Im Zentrum seines Philosophieren stehen die Fragen nach dem Guten und der **Tugend**, durch die auch die ihnen zugrundeliegenden Wertvorstellungen geprüft werden. Im Gespräch (Elenktik) erschüttert er das Scheinwissen seiner Gesprächspartner durch Fragen und Prüfung nach dem Maßstab des Logos. Mit Hilfe seiner **maieutischen Methode** (Hebammenkunst) will er den Gesprächspartner zur Einsicht in das eigene Nicht-Wissen und zur Selbsterkenntnis verhelfen und ihn dazu auffordern, sein Leben nach der Maßgabe des Guten auszurichten. Denn die Einsicht in das Nichtwissen ist zugleich tiefste Erkenntnis dessen, was wahrhaft gut ist, sie ist Einsicht in die Macht des **Logos**. Tugend ist ein Wissen, das auf der richtigen Besinnung und Einsicht beruht, darum entspringt die schlechte Handlung der Unkenntnis über Gut und Böse. Der Wissende aber handelt gut und nimmt sich vor dem Schlechten in Acht. Die obersten moralischen Grundsätze wurzeln in einer inneren, durch das Gewissen geforderten Grundüberzeugung, die Sokrates nicht mehr in Frage stellt: in seiner innersten Stimme (daimonion), für ihn auch die Stimme Gottes, sucht er den letzten Grund des Handelns.
Im Dialog Kriton begründet Sokrates musterhaft moralisches Argumentieren, indem er folgende **Grundsätze einer autonomer Ethik** aufstellt:
- nicht kritiklos der Meinung der Menge folgen, sondern einen unabhängigen Standpunkt einnehmen;
- prinzipiell nach dem moralisch Richtigen ohne Rücksicht auf sich und andere fragen;
- in der Argumentation nicht Gefühlen folgen, sondern der Vernunft (Logos);
- den obersten moralischen Grundsatz anerkennen, dass Unrecht weder zu tun noch zu vergelten ist;
- unabhängig von den Konsequenzen dem Gewissen folgen, das die unbedingte Verpflichtung zum moralisch richtigen Handeln auferlegt.

Das **sokratische Gespräch** gilt als beispielhafte Methode, durch geschicktes Fragen die Wahrheit gemeinsam zu suchen und die Begriffe des Guten und der Tugend in Annäherung zu bestimmten. Die **Einheit von Leben und Lehre,** von Denken und Handeln machte Sokrates für die Nachwelt zum Vorbild einer gerechten Lebensführung.

1.2 Die klassische griechische Philosophie

polis:
Gemeinschaft der Bürger, Griech. Stadtstaat

Kennzeichnend für die praktische Philosophie der Antike ist die **Einheit von Glück und Gutsein** als Inbegriff eines gelungenen Lebens sowohl im moralischen Handeln in der Polis als auch in der wissenschaftlichen Erkenntnis und philosophischen Kontemplation.

Platon
(427–347 v. Chr.), griech. Philosoph, Begründer der Ideenlehre

Platon

Aporie:
Ausweglosigkeit Widersprüchlichkeit ohne Lösung

Metaphysik:
Grundwissenschaft der Philosophie, die sich mit den ersten und letzten Gründen beschäftigt

agathon: *das Gute*

Platon, der Abkömmling einer hohen Athener Aristokratenfamilie war der bedeutendste Schüler Sokrates'. Nach fehlgeschlagenen politischen Tätigkeiten, in denen er seine sittlichen und politischen Ideale verwirklichen wollte, begründete er die berühmte Akademie, eine Philosophenschule, an deren Ausbau er bis zu seinem Tode arbeitete.
Platon hat seine Werke, bis auf die Apologie und die Briefe, in **Dialogform** verfasst. Im Mittelpunkt der frühen Werke steht die Ethik; die Dialoge behandeln die sokratischen Probleme um Tugend und Wissen und enden sämtlich in der **Aporie**. Die späten Schriften zählen zu den Meisterwerken der Weltliteratur. Obgleich Platons Philosophie keine Unterteilung in einzelne Disziplinen kennt, umfasst sie doch in seinem Hauptwerk vom Staat (Politeia) die gesamte Philosophie: Erkenntnistheorie, Metaphysik, Ethik, Pädagogik, Rechts- und Staatsphilosophie. Philosophiegeschichtlich bedeutsam sind seine Ideenlehre und seine Staatsphilosophie; seine Gedanken begründen die **abendländische Metaphysik**.
Ausgangspunkt seiner Philosophie ist das Denken seiner Zeit, das sich in der Sophistik und im Wirken des Sokrates manifestiert. Platon erkannte von Anfang an die Unzulänglichkeit der sokratischen Antwort auf die Frage nach dem Wesen des moralisch Guten und bemühte sich, den Mangel der sokratischen Ethik zu beheben und eine gültige Antwort auf die Frage nach dem **Wesen des Guten** zu geben. Aber auch den allgemeinen Maßstab des Protagoras, dass der Mensch das Maß aller Dinge sei, sah er als einen Grundirrtum an. Um eine Grundlage sowohl der Wissenschaft als auch der Sittlichkeit zu erlangen, bedarf es eines gültigen, wirklichen Wissens von den Dingen, das Platon im System seiner Ideenlehre darlegt.

Ideen:
(gr. eidos, lat. idea) Kern der platonischen Philosophie

Idee des Guten
Urgrund des Seins

↓

Reich der Ideen
Ewige Urbilder alles Seienden

↙ ↘

Irdische Welt
Abbilder in der Sinnenwelt

Die Ideen sind **Urbilder** der Welt, nach denen die sichtbaren Dinge geformt werden. Sie existieren unabhängig von uns und sind nur durch eine geistige Schau erreichbar. Die sichtbare Welt des irdischen zeitlichen Seienden ist ein Abbild der Urbilder einer idealen Welt des göttlichen ewigen Seins. Die einzelnen Dinge in der Sinnenwelt existieren nur als **Teilhabe** an den Ideen. Grund aller Ideen ist die Idee des Guten, die als Ziel und Ursprung allen Seins für Erkenntnistheorie und Ethik gleichermaßen zentral wird. Die Idee des Guten vergleicht Platon mit der Sonne: so wie die Sonne im Reich der sichtbaren Welt allen Dingen Leben, Wachstum und Sichtbarkeit verleiht, so ist im Reich des Unsichtbaren die **Idee des Guten** die letzte Ursache für alles Seiende.

Teilhabe *(methexis): Verhältnis der Ideen zu den Einzeldingen der Welt der Erscheinung*

In seinem berühmten „Höhlengleichnis" zeigt Platon den Weg zur Erkenntnis des Absoluten. In einem Bild der Höhle, die stellvertretend für die Welt der Erfahrung steht, befinden sich die Menschen in den Fesseln der Sinnenwelt. Durch das Streben nach Wahrheit befreien sie sich und nähern sich schrittweise der Erkenntnis des schlechthin Guten in der Ideenwelt, indem sie sich immer mehr im philosophischen Denken orientieren. Die Seele hat die Ideen bereits in ihrer Präexistenz geschaut, sie aber beim Eintritt in den Körper vergessen. In der Ideenschau, einem Zustand höchster Glückseligkeit, sieht der Mensch das Gute als höchste Idee. Das Höhlengleichnis endet aber nicht mit der Beschreibung dieses glückseligen Zustandes, sondern mit der Aufforderung, in die Höhle, die Welt der Erfahrung zurückzukehren und dort alles soweit möglich nach der Maßgabe der Idee des Guten zu gestalten.

Höhlengleichnis: *Kernstück der* ***Politeiea,*** *beschreibt verschiedene Stufen der Erkenntnis und rechtfertigt die Philosophenherrschaft*

Das absolute Wissen von den Ideen kann nicht durch die Sinneswahrnehmung erlangt werden, da sie uns täuschen kann, sondern durch reines Denken in Begriffen. Das Bewusstsein kann die Ideen aber nicht von sich aus entwickeln, sondern nur wieder erinnern. Da die Dinge der sinnlichen Welt nur soweit gut sind, als sie den Ideen entsprechen durch Teilhabe an ihnen, ist auch für den Menschen die Teilhabe an den Ideen und ihre Verwirklichung in der sinnlichen Welt der Weg zur sittlichen Vollkommenheit.

aisthesis: *Wahrnehmung, Erfahrung*
noesis: *Vernunft*

Anamnesis: *Wiedererinnerung an die in der Präexistenz der Seele geschauten Ideen*

Die **Seele** strebt daher mit ihrem vernünftigen Teil ihrem Urzustand zu, dem Göttlichen, Unsterblichen; er soll auch die beiden anderen Seelenteile, den Mut und die Begierde beherrschen. Im Bild des Pferdegespanns stellt Platon die Dreiteilung der Seele dar: Die Vernunft entspricht einem Wagenlenker, der Mut einem willigen Pferd, die Begierde einem Widerspenstigen. Jeder Seelenteil muss die ihm zugehörige Tugend ausbilden, durch die er seine Vollkommenheit erreicht: der vernünftige Teil die Weisheit, der Muthafte die Tapferkeit und der begehrliche das Maßhalten. Als Gesamttugend der Seele, die das richtige Verhältnis der Teile bestimmt, tritt noch die Gerechtigkeit hinzu. Der wahre Sinn der vier **Kardinaltugenden** zeigt sich auf dem Gebiet der Politik. Platon entwirft ein vollkommen gerechtes Gemeinwesen, indem er die Teile der menschlichen Seele zu den Tugenden und dem Modell eines gerechten Staates in Beziehung setzt.

Seele *(psyche): immateriell, das Sich-selbst-bewegende*

Kardinaltugenden: *Grund- oder Haupttugenden*

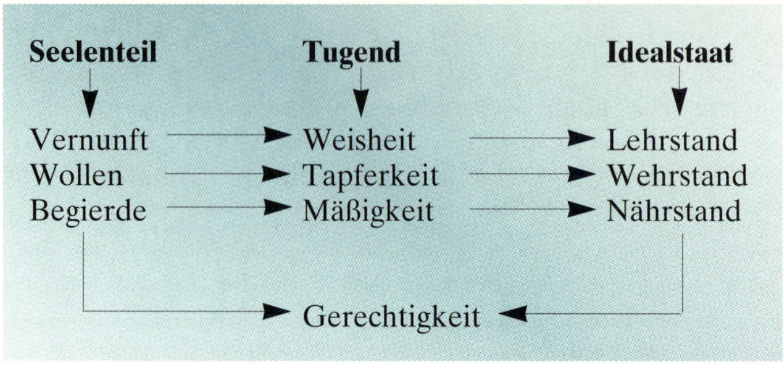

Aristoteles *(384–321 v. Chr.) aus Stagira (Stagirit genannt), mit Platon bedeutendster Philosoph der Antike*

Der ideale Staat ist gut und gerecht durch die Teilhabe an der Idee des Guten. Daher fordert Platon, dass Philosophen, die zur Erkenntnis dieser Idee gelangt sind, an der Spitze des Staates (Könige) stehen sollten.

Aristoteles gilt als der Begründer der eigentlich wissenschaftlichen Philosophie; er ist der umfassendste Gelehrte der antiken Welt sowohl auf dem Gebiet der Naturbeobachtungen als auch der politisch-geschichtlichen Erfahrung. Seine Gedanken wirkten besonders auf das arabische, jüdische und christliche Mittelalter, aber auch die Neuzeit und Gegenwart.
Aristoteles war 20 Jahre lang Schüler Platons, entfernte sich aber von seiner Lehre. Um 342 v. Chr. wurde er zum Lehrer Alexander d. Gr. berufen. 335 gründete er in Athen eine eigene, die **peripatetische Schule**. Nach Alexanders Tod wurde er der Gottlosigkeit angeklagt, floh nach Chalkis und starb dort mit 63 Jahren.

Peripatos: *Wandelgang, in dem Aristoteles lehrte*

Im Unterschied zu den platonischen Dialogen entwickelt Aristoteles einen neuen Stil der **systematischen philosophischen Darstellung**, die wissenschaftliche Abhandlung.

Nikomachische Ethik *(335–323): Hauptwerk zur praktischen Philosophie*

Eudaimonia *(Gut-Geistigkeit) zentraler Begriff der griech. Ethik*

deskriptiv: *beschreibend*

In seiner philosophischen Ethik legt Aristoteles den Grund für eine **eudämonistische Handlungstheorie,** die das letzte Ziel und den Zweck menschlichen Handelns für ein **tugendhaftes und glückliches Leben** bestimmen will. In der Frage nach dem höchsten Guten schlägt er einen Weg ein zwischen dem relativistischen Ansatz der Sophisten, der keine allgemein verbindlichen Vorstellungen vom Guten mehr zulässt, und der platonischen Ideenlehre, für die das absolute Gute nur unvollkommen und annäherungsweise erreichbar ist. Dagegen will er eine Einsicht in das den Menschen erreichbare, allen gemeinsame Gute vermitteln. Dazu geht er zunächst **empirisch deskriptiv** von den vielfältigen Phänomenen des Guten in der konkreten Gesellschaft und den in ihr gegebenen Wert- und Normvorstellungen aus und ordnet sie systematisch. Als gemeinsamen Nenner bestimmt er den Begriff des Guten als dasjenige, wonach alles strebt. Er knüpft hier an die Wesensbestimmung des Organismus an, der Ziel und Zweck in sich trägt und gemäss seiner inneren Zielstrebigkeit nach vollkommener Entfaltung strebt (entelechie). Dieser Grundgedanke weitet sich aus zu einer universalen Teleologie, in der die ganze Welt zu ihrer eigenen Vollkommenheit drängt und alle Erscheinung zur Verwirklichung des Wesens wird:

Entelechie: *die einem Organismus immanente Form, die sich in der Materie selbst verwirklicht*

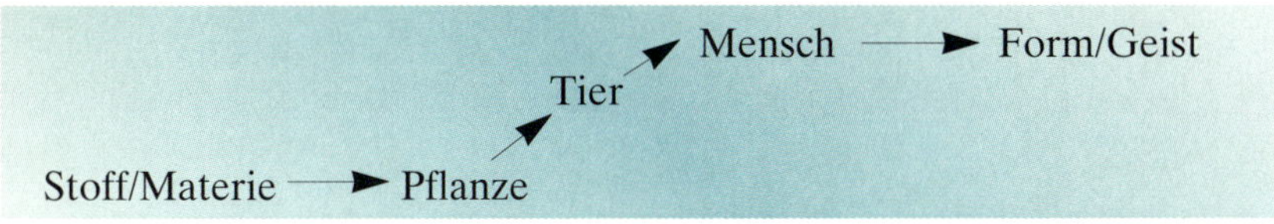

Die teleologische Entwicklung stellt sich dar als Verhältnis von Form (eidos) und Stoff (hyle), wobei der Stoff, auch Materie, aus der bloßen Möglichkeit durch die Form in Verwirklichung übergeht. Das Wesen der Dinge liegt nicht in einer übersinnlichen Wirklichkeit (Platon), sondern verwirklicht sich in der Reihenfolge ihrer Erscheinungen.

Teleologie: *(telos: Ziel) Lehre von der Finalität und Zweckbestimmung*

Auch die menschliche Seele wird in dieser Entwicklung nach dem Schichtenbau der Natur gedacht; sie ist die in den Bewegungen und Veränderungen des organischen Körpers sich verwirklichende Form bis zum reinen Geist. Aristoteles unterscheidet drei Seelenteile:

Seele: *(gr. psyche, lat. anima) nicht-körperliche Substanz im Gegensatz zu Leib, Materie*

Geist/Vernunft: *(nous) sowohl der denkende und unsterbliche Teil der Seele als auch die kosmische Vernunft*

Aufbau der Seele

vernünftiger Seelenteil	tätig/theoretisch	Mensch/Gott
	leidend/praktisch	Mensch
empfindender Seelenteil	vernünftig/pragmatisch	Mensch
	affekthaft/triebhaft	Tier/Mensch
vegetativer Seelenteil	unbewusst/ nicht steuerbar	Pflanze/Tier/Mensch

Der vegetativ-ernährende und der empfindende Seelenteil verbinden den Menschen mit der Natur; der vernünftige Seelenteil nimmt eine Sonderstellung ein. Sein leidend-passiver Teil ist an eine individuelle Person gebunden und somit sterblich. Sein aktiv-theoretischer Teil stellt die reine, allen Individuen gemeinsame Vernunft dar, die nicht an den Körper gebunden und damit unsterblich ist. Wenn nun jedes Wesen von Natur aus zu dem ihm eigentümlichen Gut, seiner Vollendung, strebt, dann ist das menschliche Gute die **Tätigkeit der Seele gemäß der Vernunft** als ihrem Endziel. Wie dieses Gute verwirklicht werden kann, legt Aristoteles in seiner Tugendlehre dar.

theoretische – praktische Vernunft: *dianoia theoretike = auf das Denken zielend, dianoia praktike = auf das Handeln bezogenes Denken*

Die Tugenden unterteilt er in völliger Übereinstimmung mit seiner Seelenlehre. Der Mensch wird entscheidend bestimmt durch die Vernunft, ihr entsprechen **Verstandestugenden** (dianoetische), und durch Trieb und Begierde, ihnen werden die **Charaktertugenden** (ethische) zugeordnet. Sie sind das Ergebnis von Übung und Gewöhnung und umfassen lobenswerte Eigenschaften, die sich durch die Herrschaft der Vernunft über den Leib und seine Begierden auszeichnen. Die sittlich gute Handlung liegt in der Mitte zwischen zwei Extremen, in denen sich der Mensch seinen Trieben und Leidenschaften überlässt.

Die Bestimmung des mittleren Maßes ist Sache der sittlichen Einsicht, die als **Klugheit** (phronesis) zu den dianoetischen Tugenden gehört. Sie gibt die richtigen Mittel und Wege vor, die zum Guten führen.

***Mesotes** (Mitte): systematischer Grundbegriff*

Zuviel	Mitte	Zuwenig
Tollkühnheit	Tapferkeit	Feigheit
Zügellosigkeit	Besonnenheit	Stumpfheit
Verschwendung	Großzügigkeit	Geiz

***iustitia distributiva:** austeilende G.*
***iustitia communitativa:** ausgeleichende G.*

***dianoia:** Denkkraft*

***dianoetische Tugenden:** intellektuelle Kompetenzen*

***zoon logon echon:** Lebewesen, das Vernunft/Sprache hat*

***zoon politikon:** politisches Lebewesen*

Die **Gerechtigkeit** nimmt einen besonderen Rang ein. Als vollkommene Tugend ist sie Grundlage menschlichen Zusammenlebens in zwei Formen: als austeilende sorgt sie für die gerechte Verteilung der Güter und Ehren, als ausgleichende ist sie Korrektiv für erlittenen Schaden.

Die **Verstandestugenden** (dianoetische) liegen in der reinen Ausübung der Vernunft selbst. Sie richten sich auf die Realisierung von Geist (nous), Wissenschaft (episteme), Weisheit (sophia), Kunst (techne) und Klugheit (phronesis) und stellen menschliches Sein in höchster Vollendung dar.

Die grundlegende Wesensbestimmung, die den Menschen als das **vernunftbegabte Lebewesen** auszeichnet, verschafft ihm nicht nur eine einzigartige Stellung im Kosmos, sondern ist auch die Voraussetzung für die zweite Bestimmung des Menschen als ein Wesen, das sein Leben in der Polis führt. Beide Wesensarten bedingen sich gegenseitig; einerseits ist der Mensch **politisches Lebewesen**, weil er Logos besitzt, andererseits wird die Entwicklung der Vernunft und damit auch der Sprache und Sittlichkeit erst durch das Leben in der Polis ermöglicht. Der Staat stellt den geistigen und rechtlichen Rahmen dar, in dem der Mensch lebt und handelt und in dem jeder einzelne seine Glückseligkeit verwirklichen kann.

***Poiesis:** Herstellen, Hervorbringen, Arbeit*

***Praxis:** tätiges Leben, Tun, Handeln*

Das Glück besteht demnach im Tätigsein. Je nach dem Verhältnis des Strebens zu seinem Ziel gibt es zwei Grundformen menschlichen Handelns: Poiesis und Praxis. Poiesis ist ein **Herstellen,** das auf das Hervorbringen eines Objekts zielt und so sein Gutsein außer sich hat. Praxis dagegen ist ein **Handeln**, das das Ziel in seinem Vollzug selbst und damit sein Gutsein in sich hat. Der Selbstwert ist entweder Lust- und Befriedigungswert, der als Angenehmes seine Erfüllung in sich findet, oder er ist Vollendungswert, der als das Gute durch sich selbst und an sich selbst der höchste Wert ist.

Das um seiner selbst willen erstrebte Gut nennt Aristoteles im Anschluss an die gewöhnlichen Vorstellungen **Glückseligkeit** (eudaimonia). Er unterscheidet vier Lebensformen, die eine je spezifische Vorstellung von Glück verwirklichen wollen. Die erste Lebensform, das auf Bedürfnisbefriedigung ausgerichtete reine Genussleben verfehlt das Glück, da sie sich sklavenartig den jeweils vorherrschenden Trieben und Leidenschaften unterwirft. Ebenso wenig ist ein Leben, das bloß auf den Gelderwerb ausgerichtet ist und Gewinn und Reichtum zum Selbstzweck macht, ein wahrhaft glücklich gelungenes. Ein glückliches Leben kann sich nur als tugendhaftes in zwei Lebensformen verwirklichen: der sittlich-politischen und der wissenschaftlich-philosophischen Existenz. Das **sittlich-politische**

Leben verwirklicht das Gute und das Glück in höchstem Maße in einer geordneten politisch-sozialen Gemeinschaft mit guten Gesetzen und Sitten sowie einem gewissen Wohlstand. So sind Politik und Ethik mit einander verbunden, weil die politische Gemeinschaft dem gelungenen glücklichen Leben ihrer Mitglieder dienen soll.

Das ethisch hochstehende, glückliche Leben in der Polis ist aber noch abhängig von äußeren Umständen, Mitbürgern, Freunden. Daher wird die höchste Glückseligkeit in einer **theoretisch-kontemplativen Existenz** (bios theoretikos) gefunden. Dieses ganz den geistigen Tätigkeiten gewidmete Leben ist sich selbst genug und autark. Die Philosophie, die die Erforschung der Prinzipien und Gründe aller Wirklichkeit um ihrer selbst willen durchführt, nimmt den höchsten Rang ein, da sie weder von äußeren Umständen abhängt, noch zugunsten anderer Ziele relativiert wird. Ein Leben der aktiven geistigen Schau führt die vollendete Glückseligkeit herbei, da das vernünftige Wesen des Menschen die höchste Vollkommenheit seiner Entwicklung in der Erkenntnis gewinnt. Da der Geist etwas **Göttliches** ist, so ist auch ein Leben im Geistigen etwas Göttliches, sofern ein göttliches Element in ihm wohnt.

theoria: *höchste Stufe, das anschauend mit sich selbst beschäftigte Denken*

1.3 Epikur und Stoa

Das gute und gelungene, glückliche Leben ist in der aristotelischen Ethik gebunden an eine sittlich politische Gemeinschaft, die auch in ihrer Verfassung und ihren Sitten eine gute und gerechte Lebensform darstellt. Nach dem Niedergang der griechischen Polis geht der durch diese Gemeinschaft gebotene Halt verloren; die Fragen nach den Grundsätzen der praktischen Lebensführung lauten nun: Was muss der Einzelne tun, um glücklich zu sein? Welche Güter kann er als Privatperson erlangen?

388 v. Chr. beginnt das Ende der griechischen Polisordnung; 336–323 errichtet Alexander der Große ein Weltreich; 148 v. Chr. wird Griechenland römische Provinz

Die Philosophie **Epikurs** bietet eine Orientierung der Lebenspraxis am **hedonistischen Prinzip**. Danach ist die **Lust** der Endzweck des menschlichen Handelns, da sie das natürliche Ziel allen menschlichen Strebens und somit auch das Prinzip des Guten ist. Epikur stützt sich auf die Empfindung und behauptet, dass man unmittelbar wahrnehmen kann, dass Lust etwas Gutes, Schmerz dagegen etwas Schlechtes ist. Alle Werturteile müssen letztlich durch die unmittelbare Empfindung begründet werden, denn die Natur hat uns die Empfindung der Lust und des Schmerzes als einzige Beurteilungskriterien für das Handeln mitgegeben. Der Begriff des Guten stammt aus der Erfahrung des Angenehmen, der Begriff des Schlechten aus der Erfahrung des Schmerzes. Daraus folgt, dass ein gutes Leben ein möglichst angenehmes d. h. lustvolles sein muss. Die höchste Lust ist aber nicht zu erreichen durch das Ausleben der Leidenschaften und die vollständige Bedürfnisbefriedigung, sondern durch eine völlige Beruhigung im Bereich der Seele und Schmerzlosigkeit im Bereich des Leibes. Das Ziel dieses glückseligen Lebens kann nur in dem vernünftigen Abwägen von Lust und Unlust und der Genuss versprechenden Güter untereinander erreicht werden. Die Vernunft befähigt den philosophisch Gebildeten, nach der dauerhaften Form der Lust zu streben, alle Störungen zu ver-

Epikur *(341 – 270) gründete 306 die Schule der Epikureer, die als Gartenphilosophie in die Geschichte eingegangen ist.*

hedone: *Lust, Freude, Genuss.*
Hedonismus: *eth. Richtung, die Lust und Genuss als Motiv und Ziel des sittlichen Handelns betrachtet.*

Ataraxia: Unerschütterlichkeit, Gleichmut als Vorbedingung der Glückseligkeit

meiden und die Güter des Lebens zu wählen, die diesen ungetrübten Genuss garantieren. Ihr gemäß ist die **Seelenruhe** (ataraxia), die sich auszeichnet als Selbstgenügsamkeit, Bedürfnislosigkeit und Freiheit von den Leidenschaften. Daher gehört es zur Weisheit der epikureischen Philosophie, dass es nicht möglich ist, lustvoll zu leben ohne verständig, schön und gerecht zu leben. Die Tugenden sind für Epikur von Natur verbunden mit einem lustvollen Leben und Tugend und Sittlichkeit sind hohe Werte, allerdings nur durch ihre Beziehung auf den Lustgewinn.

Carpe diem
Pflücke den Tag!

Das wahre Glück, das in einem ruhigen Gleichmaß der Seele besteht, ist aber nur zu erreichen, wenn auch die Furcht, vor allem die Furcht vor dem Tod, überwunden wird. Hinter Epikurs Beweis, dass der Tod uns nichts angeht, denn solange wir leben, ist der Tod nicht da und ist er einmal da, sind wir nicht mehr, steht die Aufforderung, das Leben zu bejahen und den Tag zu nützen. Der epikureische Weise genießt die Güter dieser Welt, ist aber von materiellen Gütern unabhängig und kümmert sich auch nicht um Ehre und politischen Einfluss. Dieser Rückzug ins Private meint daher die harmonische **Freundschaft** mit anderen Menschen und ein erfülltes Leben im Kreis Gleichgesinnter.

Stoa: der Name stammt von einer geschmückten Markthalle, in der die Stoiker ihre Vorträge hielten.

Die Ethik der **Stoiker** sucht auf die Frage nach dem individuellen Lebensglück, der **Eudaimonia**, eine andere Antwort als der Hedonismus. Zwar finden auch die Stoiker die Grundsätze für ein wahrhaft sittliches Leben in der menschlichen Natur, allerdings nicht in einem ursprünglichen Luststreben aller Lebewesen, sondern in der menschlichen Vernunft, die in ein göttliches Universum eingegliedert ist.

Kosmos: Ordnung, Schmuck

Pneuma: Hauch, Seele, Geist

Determinismus: Vorstellung einer kontinuierlichen organischen Einheit, einer Verkettung aller Dinge im Kosmos

Im Rahmen einer umfassenden Weltanschauung versuchen die Stoiker, die Ethik von einer kosmologischen und einer psychologischen Seite her zu begründen. Sie gehen dabei von der Vorstellung einer einheitlichen Natur, dem **Kosmos**, aus, den sie als etwas Vollkommenes, ein geordnetes und beseeltes Ganzes vorstellen. Dieses systematische Ordnungsgefüge, das Menschen und göttliche Wesen umgreift, wird durchdrungen durch das **Pneuma**, das als aktives Prinzip den ganzen Kosmos erfüllt und beseelt. Das Gesetz des göttlichen Logos, das den Kosmos regiert, liefert auch die Gesetze, welchen das menschliche Handeln entsprechen soll, weil die menschliche Natur Teil der kosmischen Natur ist. Daher kann der Mensch den göttlichen Welt-Logos erkennen und sein Handeln danach ausrichten. Um Glückseligkeit zu erreichen muss der Handelnde sich der vernünftigen Notwendigkeit fügen, indem er seine eigene Vernunft mit der Weltvernunft in Einklang bringt. Die stoische Ethik zeigt, auf welchen Wegen man dieses Glück erreichen kann. Sie begründet trotz eines lückenlosen **Determinismus** eine Freiheit des Handeln, die darin besteht, das vom Schicksal Bestimmte freudig anzunehmen und in freiwillig Anerkanntes umzuwandeln.

ältere Stoa (310–160): Zenon, Kleanthes, Chrysipp
mittlere Stoa (140–150): Panaitios, Poseidonios

Zenon, der Begründer der älteren Stoa, entwickelte mit seinen Nachfolgern eine Weisheitslehre, die eine Einheit von Logik, Physik und Ethik darstellen und die wissenschaftlichen Grundlagen für ein tugendhaftes Leben aufzeigen will. Die Vertreter der mittleren Stoa führten ihre Gedanken, vor allem ein dem Staat verpflichtetes Leben, in den gebildeten Kreisen Roms ein. Der römische Staatsmann und Philosoph Cicero übernahm daraus die Idee eines allen Menschen gemeinsamen Naturrechts als Grundlage jeden menschlichen Zusammenlebens. Die jüngere Stoa der römischen Kaiserzeit hatte eine religiöse Ausrichtung, die sich am deutlichsten in den Selbstbetrachtungen Mark Aurels findet.

jüngere Stoa *(4 v. – 65 n. Chr.): Seneca, Epiktet, Mark Aurel*

Das Ziel der stoischen Ethik ist das „mit der Natur in Einklang stehende Leben“, welches „übereinkommt mit dem tugendhaften“. Um das eigene Wollen mit dem vernünftigen Geschehen des Kosmos in Einklang zu bringen, bedarf es der Weisheit, den nicht-vernünftigen Seelenteil zu beherrschen. Das tugendhafte Leben besteht in der Zügelung der Leidenschaften bis hin zur **Leidenschaftslosigkeit**, die allein zum sicheren Glück führt, das von der Erfüllung der natürlichen Triebe ganz unabhängig ist. Darin unterscheidet sich der stoische vom aristotelischen und epikureischen Glücksbegriff. Das wahre Gut ist die Tugend und was an ihr teilhat (arete), das einzige Übel ist die Schlechtigkeit, das Laster (kakia); Tugend oder Laster zu erreichen steht in unserer Macht, denn sie beruhen auf Leidenschaften, Trieben, Meinungen, die wir beherrschen können. Die äußeren Güter und äußeren Übel, die nicht in unserer Macht stehen, wie Leben und Tod, Gesundheit und Krankheit, Reichtum und Armut, Ruhm und Schande, sind gleichgültige Dinge (adiaphora); auf ihre Erlangung kommt es für das glückselige Leben nicht an.

secundum naturam vivere: *in Einklang mit der Natur, d.h. der göttl. Ordnung zu leben*

Apathie: *Unempfindlichkeit, Leidenschaftslosigkeit*

Diese praktische Lebensweisheit (phronesis) wirkt sich in den bekannten vier Kardinaltugenden aus: der Klugheit, Tapferkeit, Mäßigung und Gerechtigkeit. Die Tugend selbst aber ist ein Ganzes und unteilbar, deshalb lehren die Stoiker, dass man keine der Tugenden besitzen kann, ohne alle zu besitzen.

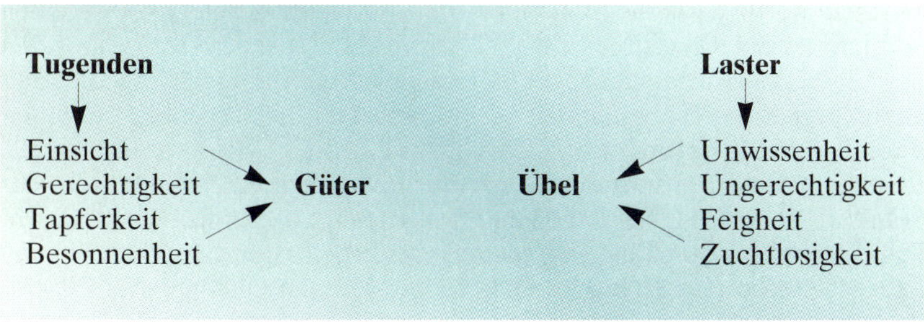

Die Stoiker haben zur Verwirklichung einer praktischen Tugendlehre zwei grundlegende Forderungen erhoben: Das **Ideal der Apathie**, das die Voraussetzung darstellt für ein **Leben der Tat**. Apathie ist der Weg zur Tugend und zum naturgemäßen Handeln, weil sie die Affekte zum Schweigen bringt und sie unter die Herrschaft der Vernunft stellt, das Leben der Tat fordert darüber hinaus den Einsatz im politischen Leben. Der Stoiker soll sich den öffentlichen Aufgaben stellen und hier seine **Pflicht** tun. Sie ist auf der einen Seite der Gehorsam der göttlichen Stimme im Innern, in einer anderen Bedeutung das Geziemende als Ausdruck

Pflicht: *Sollensforderung, innere Nötigung sittlich zu handeln*

des Handelns um der Tugend willen. Die Stoiker unterscheiden vollkommene und unvollkommende Pflichten nach den verschiedenen Motiven für eine Handlung; nur wer um des sittlich Guten willen handelt, handelt vollkommen. Die moralisch richtige Handlung ist frei von natürlicher Selbstliebe, von Emotionen und geschieht motiviert durch die Tugend in unbeirrbarer charakterlicher Festigkeit. Unvollkommen dagegen sind Handlungen, die zwar legal und pflichtgemäß sind, aber nicht um der Tugend willen geschehen.

vgl. hierzu die Ethik Kant, 2.1

Das Leben der Tat ist eng verbunden mit dem stoischen **Kosmopolitismus**. Aus dem einheitlichen Weltgesetz (nomos koinos) und der allen Menschen innewohnenden Vernünftigkeit entwickelt die Stoa das Ideal eines Weltbürgertums, in dem die Gedanken eines Naturrechts und die Idee der Menschenrechte ihren Ursprung haben. Sie erkennt in jedem Vernunftwesen einen Verwandten und weiß sich nicht nur durch die äußere Gleichheit der Lebensbedingungen, sondern auch durch ein natürliches Gefühl der Zusammengehörigkeit verbunden. Da die menschliche Natur Teil der vernünftigen kosmischen Natur ist, bildet auch die ganze Menschheit eine Gemeinschaft von Vernunftwesen. Das so begründete **Naturrecht** legt über alle Unterschiede der Sitten und Kultur hinweg das für alle Menschen ethisch Richtige fest.

Naturrecht** (lat. lex naturalis): auf der vernünftigen Natur des Menschen beruhendes Recht, unabhängig von geltenden Gesetzen, dem **positiven Recht

1.4 Das christliche Mittelalter

Die mittelalterliche Philosophie hat ihre Wurzeln in den geistigen Grundhaltungen der großen Systeme der hellenistischen Philosophie. Die ersten 1200 Jahre des abendländischen Christentums sind geprägt durch die Begegnung mit dem platonischen Denken in der Vermittlung durch den **Neuplatonismus**.

***Neuplatonismus:** von Plotin (202–270), im 3.–6. Jh. begründete Richtung der griech. Philosophie*

So wird die platonische Idee des Guten im Denken des einflussreichen Kirchenlehrers **Augustinus** aufgehoben in der Existenz Gottes, auf den hin alles Sein geordnet ist. Gott ist Urheber der Welt, Ursprung alles Seienden und auch dessen höchstes zu erstrebendes Ziel. Auch das *summum bonum* als Prinzip des Sittlichen ruht im Geiste Gottes. Seine ewigen Ideen sind für Augustinus nicht nur Grundlagen des Erkennens und des Seins, sie sind auch Grundlagen und Prinzip der Sittlichkeit. Alles menschlich Gute ist nur durch ihn gut, wie alles Wahre nur durch ihn wahr ist und alles Seiende nur durch ihn Sein hat. Indem der menschliche Geist Gott als das Vollkommene erkennt und ihn als den Urgrund aller Wahrheiten und Werte begreift, steigt er aus der irdischen Welt auf. Die menschliche Seele muss sich in einem Akt der Selbsterkenntnis deshalb auf das besinnen, was das Göttliche an ihr ist und nach dem Reich der **göttlichen Ordnung** und seinen ewigen, unzerstörbaren Güter streben. Die Welt der natürlichen Bedürfnisse, die Begierde nach irdischen Dingen soll schrittweise von der Begierde nach himmlischen Dingen (caritas), die im Begriff der auf Gott ausgerichteten Liebe gefasst wird, überwunden werden. Augustinus erweitert die antike Tugendlehre durch die **christlichen Kardinaltugenden:** Glaube, Hoffnung, Liebe.

***Aurelius Augustinus** (354–430), bedeutender Kirchenvater und Philosoph*

***summum bonum** (lat. das höchste Gut): allgemein der metaphysische Begriff des Guten*

***ordo** (lat. Reihenfolge, Ordnung): Leitbegriff der mittelalterlichen Philosophie zur Bestimmung des damaligen Weltbildes*

Einen ganz anderen Einfluss übt das aristotelische System auf die mittelalterliche Philosophie aus. **Thomas von Aquin**, der große Lehrer der Hochscholastik, hat den weitestreichenden systematischen Versuch der Verbindung von Aristotelismus und christlicher Philosophie übernommen. Er geht davon aus, dass **Glaube** und **Vernunft** sich nicht widersprechen können, da beide von Gott kommen. Die Welt ist eine göttliche Ordnung, ein sinnvoll geordnetes Ganzes. Alle Formen und Wesenheiten existieren ursprünglich im Geiste Gottes, als Entwurf der Schöpfung. Die Stellung des Menschen in Gottes Schöpfung erinnert an Aristoteles, der Mensch hat mit Pflanze und Tier eine vegetative Seele und sensitive Seele, dazu aber ein geistiges und unsterbliches Seelenvermögen, mit dem er eine teilhabende Ähnlichkeit am göttlichen Geiste hat. Die höchste Seinsstufe wird in Gott gedacht, der als reiner ungeschaffener Geist äußerste Vollendung aller Wirklichkeit ist.

Thomas von Aquin *(1225–1274) Scholastiker, der die Lehren der christlichen Kirche mit der Philosophie des Aristoteles verbindet.*

Apotheose des heiligen Thomas

Die thomistische theologische Ethik lehrt, dass Gut das ist, wonach jedes seinem Wesen nach strebt. Sie unterscheidet ein sinnliches Strebevermögen (appetitus sensitivus), und ein geistiges, das der Vernunft folgt (appetitus rationalis). Das sittlich Gute gründet im höchsten Sein, in Gott. Die Prinzipien der Sittlichkeit sind die in der menschlichen Vernunft liegenden Prinzipien des **natürlichen Sittengesetzes**; sie werden gedacht als Teilhabe der vernünftigen Kreatur am göttlichen Gesetz. In ihr vollendet sich auch das natürliche und letzte Ziel des Menschen, die **Glückseligkeit** (beatitudo).

Scholastik *(lat. schola): Schulwissenschaft (Philosophie, Theologie) im christl. Mittelalter*

1.5 Wert- und Tugendlehren der Neuzeit

Die Grundpositionen der antiken und mittelalterlichen Philosophie, die vor allem Tugend-, Güter-, Glücks- und Strebensethiken waren, werden in der nachfolgenden Aufklärungsbewegung zurückgedrängt zugunsten einer Moralphilosophie, einer **Sollensethik**, die vor allem nach der Geltung der Normen fragt.

vgl. hierzu Kap. 2 „Moralität und Sittlichkeit"

Erst zu Beginn des 20. Jahrhunderts treten mit der **phänomenologischen Wertethik** die antiken Fragen wieder in den Mittelpunkt der ethischen Überlegungen: Was ist das Gute und woran erkennen wir es? Was ist das gute Leben? Die Wertethiker **Max Scheler** und **Nicolai Hartmann** gehen in ihren Untersuchungen aber nicht mehr, wie Aristoteles, von den konkreten Lebensformen aus, sondern von den Phänomenen des sittlichen Bewusstseins sowie einem objektiven Wertreich. Das Kriterium des Sittlichen besteht im Erfühlen und Realisieren unwandelbarer sittlicher Werte. Dabei berufen sie sich auf ein im Wesen der sittlichen Person liegendes Organ, mit dem Werte durch ein **apriorisches Wertfühlen** eingesehen und erkannt werden. Diese Werte sind nicht durch Erfahrung gegeben, sondern existieren unabhängig vom Empirischen als letzte nicht weiter zurückführbare Gegebenheiten. Sie bilden eine Rangordnung in einem **idealen Wertreich** (kosmos noetos), an oberster Stelle stehen die sittlichen Werte, gefolgt von Vital- und Güterwerten, den Schluss bilden die Lustwerte.

Phänomen *(gr. phainomenon): die Erscheinung eines Gegenstands der Außenwelt in den Sinnen*

Max Scheler *(1874–1928) Philosoph und Soziologe, Begründer der philosophischen Anthropologie des 20. Jh.*

Nicolai Hartmann *(1882–1950) Ontologe, Moralphilosoph*

Wenn sie durch menschliche Handlungen verwirklicht werden sollen, müssen sie zuvor als ideale Objekte in ihrer Wertqualität unmittelbar anschaulich erfasst oder gefühlt werden. Alle moralische Stellungnahme ist darum **intuitiv**, ist unmittelbar da und wartet nicht erst auf den urteilenden Verstand. Diese moralische Intuition ist allen Menschen eigen; das ihr zugrundeliegende Wertfühlen kann jedoch verkümmern oder selbstverschuldet verloren gehen (Wertblindheit). In der Behauptung eines objektiven Reichs der Werte, das dem Wertfühlen zugänglich ist, wenden sich Scheler und Hartmann gegen jede Art von Wertrelativismus, besonders gegen den Subjektivismus, der alle Werte auf den Menschen zurückführt und keinen einheitlichen Wertmaßstab in der Vielzahl der in der Geschichte aufgetretenen menschlichen Verhaltensweisen kennt.

Intuition *(lat. Schau): unvermitteltes, vollständiges Erfassen eines Gegenstandes, das keinen Zweifel zulässt*

In den letzten Jahren des 20. Jahrhunderts mehren sich die Versuche, durch eine Ethik der **Lebenskunst** oder **Strebensethik** neue Wege im Bereich der Moralphilosophie zu beschreiten. Auf den ersten Blick will es so scheinen, dass eudämonistische Grundpositionen der antiken und mittelalterlichen Philosophie in der Gegenwart von verschiedenen Seiten wieder belebt werden. Dies gilt vor allem für die moralphilosophischen Theorien, die Sympathie, Menschenliebe, Wohlwollen zur Grundlage einer Ethik machen.

Robert Spaemann *(*1927) Prof. f. Philosophie in München*

Robert Spaemann entwickelt eine Ethik als Lehre vom **Gelingen des Lebens**, die Freiheit und Verantwortung des Einzelnen in den Mittelpunkt rückt. Er geht von dem Gedanken aus, dass das Leben überhaupt so etwas wie ein Ganzes sein bzw. so begriffen werden kann, und dass man über ein Leben als Ganzes positiv denken, es als Ganzes irgendwie richtig finden kann. Grundbegriff dieser Ethik ist die **Sympathie**, ihre Generalthese besagt, dass nur das Wohlwollen die Realität erschließt und zwar sowohl die Wirklichkeit des eigenen Selbst als auch die anderer Subjekte und Lebewesen.

Hans Krämer *(*1929) Prof. f. Philosophie in Tübingen*

postteleologisch: *Zwecke und Ziele des Handelns werden im Handlungssubjekt gesetzt*

Auch **Hans Krämers** Programm einer integrativen Ethik will einen entscheidenden Beitrag zu einer Erweiterung der Ethik als **Lebenskunstlehre**, als Strebens- oder Glücksethik und eine systematische Klärung ihrer Bedingungen leisten. Eine postteleologische Strebensethik, wie Krämer sie entwirft, grenzt sich wesentlich und per definitionem von der Moralphilosophie im engeren Sinne (z. B. der kantischen Ethik) ab, indem sie die bloße Lebensbewältigung, die **alltägliche Lebensführung** und Bedürfnisbefriedigung zum Gegenstand macht.

Imperative: *„Bevorzuge richtig!" „Beachte die Grenzen deiner Möglichkeiten!"*

Die Strebensethik will nicht verbindlich, sondern anratend über Handlungsziele aufklären und das entsprechend richtig regulierte Verhalten in Gang setzen, verbessern und optimieren. Ihr Ziel ist es, dadurch einen Lernprozess einzuleiten und zu beschleunigen, der insgesamt zum **Lebenkönnen** in der weitesten Bedeutung führt, d. h. bezogen auf die nichtmoralisch richtige Lebensführung im ganzen. Als Ethik der „ersten Person" will die Strebensethik als Lebenstechnik dem Einzelnen zum Lebenlernen und damit zuletzt zum Sichaufslebenverstehen und Lebenkönnen verhelfen, indem sie die Planungs- und Handlungsfähigkeit des Einzelnen schult und zur Selbstfindung anleitet.

Wilhelm Schmids Versuch zur Grundlegung einer **Philosophie der Lebenskunst** will vor allem die Bestandteile bestimmen, die für eine reflektierte, philosophische Lebenskunst grundlegend sind. Lebenskunst wird nicht inhaltlich festgelegt, sondern als Aufgabe der konkreten Ausgestaltung den Individuen überlassen. Durch die philosophische Reflexion wird der Einzelne in die Lage versetzt, seinen eigenen Lebensvollzug besser zu verstehen und ihn zu gestalten.

Wilhelm Schmid *(*1953) Privatdozent für Philosophie*

Eine Wiederentdeckung der antiken **Ethik des guten Lebens** und ihre Interpretation im Kontext aktueller Fragen liefert **Martha Nussbaum**. Auf Aristoteles zurückgehend versucht sie eine allgemeine Bestimmung des guten Lebens, in der sie aber Grundbedingungen gegenwärtiger Lebensformen und Lebensweisen mit einbezieht: die Pluralität der Lebensformen und die Individualität der Lebensläufe. Im Unterschied zur Antike gibt es keinen verbindlichen gesellschaftlichen Rahmen für die Art und Weise guten Lebens, jeder muss dies für sich entscheiden. Von Aristoteles übernimmt sie aber den Gedanken, der das gute Leben nach den menschlichen Grundfähigkeiten bestimmt; Nussbaum sieht darin wesentliche und allgemein gültige Kriterien für ein gutes oder lebenswertes, menschenwürdiges Leben. Sie behauptet, dass die Menschen über kulturelle Unterschiede, divergierende Traditionen und nationale Grenzen hinweg gleiche moralische Berücksichtigung verdienen. Ihr entscheidendes Argument gegen den ethischen Relativismus lautet, dass sich die Grundbedürfnisse von Menschen decken und dass bestimmte Dinge über Menschen, über ihre Grenzen, Fähigkeiten und Möglichkeiten wichtig und von ethischen Theorien zu berücksichtigen sind.

Martha Nussbaum *(*1947) Prof. f. Philosophie, Law School, University of Chicago*

Pluralismus: *Vielzahl politischer, religiöser, ethnischer, wirtschaftlicher Interessengruppen*

Relativismus: *stellt die allgemeine Gültigkeit aller Werte und Normen in Frage*

Ihre reichhaltige Theorie des guten Lebens entwickelt sie in zwei Stufen:
1. Beschreibung der menschlichen **Lebensform** in ihrer Grundstruktur.
2. Erfassung der grundlegenden **Fähigkeiten** zu einem guten Leben.

Einteilung der Capabilities *(Fähigkeiten) in:* ***basic*** *,* ***internal*** *and* ***combined*** *capabilities*

Die Grundstruktur menschlichen Lebens besteht in einer prinzipiellen **Bedürftigkeit** und **Begrenztheit** und umfasst Inhalte wie: Sterblichkeit; körperliche Bedürfnisse wie Essen, Trinken, Schutz, Sexualität, Mobilität; Fähigkeit, Freude und Schmerz zu empfinden; Wahrnehmungs-, Vorstellung- und Denkfähigkeit; Verbundenheit mit anderen Menschen, anderen Arten, der Natur; Humor und Spiel u.a.m. Auf dieser Basis erarbeitet Nussbaum auf einer zweiten Ebene der Theorie grundlegende **Fähigkeiten** zum guten Leben, z. B. Leben, körperliche Gesundheit, Fantasie, Vorstellung und Denken, Gefühle, Liebe, eigene Lebensplanung, politische Mitbestimmung, persönliche Freiheit. Die praktische Vernunft wird als architektonisches Vermögen gesehen, das eigene Leben zu planen und zu gestalten. Worin das gute Leben letztlich besteht, muss der Einzelne für sich entscheiden; Aufgabe der politischen Institutionen ist es, bestimmte Lebensbedingungen zur Verwirklichung guten Lebens zu fördern.

Als Mitarbeiterin in UN-Organisationen hat sich Nussbaum dann auch intensiv mit der Ausarbeitung einer **Ethik der Entwicklungspolitik** beschäftigt, die ohne in einen Relativismus zu verfallen die partikularen Besonderheiten von Lebenskontexten und unterschiedlichen kulturellen Traditionen mitbedenkt.

Eine anders geartete Wiederbelebung von Paradigmen, die sich an aristotelischen Vorstellungen vom guten Leben in der Polis orientieren, findet sich bei den **Kommunitaristen**. Sie stellen die Frage nach den moralischen Grundlagen der modernen Gesellschaft, nach den Grundvoraussetzungen eines guten funktionierenden Gemeinwesens und entdecken in der Orientierung an Ganzheiten, Totalitäten, Kontexten den sittlichen Wert gemeinsamen Lebens wieder. **McIntyre** kritisiert die aufgeklärte Moderne, besonders die universalistische Moralphilosophie der Aufklärungstradition, der er die Schuld am moralischen und kulturellen Niedergang der Gegenwart gibt. Den Ausweg sieht er in der Wiedergewinnung der Begrifflichkeit und tugendethischen Perspektive des Aristotelismus

Kommunitaristen:
Michael Sandel, Charles Taylor, Alasdair McIntyre, Michael Walzer Amatai Etzioni

Der Kommunitarismus entwickelt sich in Abgrenzung zum neuzeitlichen Liberalismus und fordert gegen die Vorherrschaft des autonomen Individuums eine **Rückbesinnung** auf historisch gewachsene Lebensformen und die in ihnen wurzelnden Muster individueller und kollektiver Identitätsbildung. Darum muss die Ethik bestimmt sein durch eine Praxis- und Tugendorientierung „eines Lebens, das als Ganzes begriffen und bewertet werden kann“, geleitet durch ein integrierendes Ziel und das alle Güter integrierende Gute. Die Individuen existieren nicht außerhalb eines bestimmten sozialen Kontextes, sie sind nicht nur freie Menschen, sondern auch soziale Wesen.

Liberalismus:
politische Richtung, die die Würde des Individuums und sein Recht auf Freiheit in den Mittelpunkt stellt. Hauptvertreter: ***John Rawls***

Für die Errichtung eines guten Gemeinwesens bedarf es immer einer vorgängigen Rückbesinnung auf einen Horizont gemeinschaftlich geteilter Werte und gemeinschaftlicher Vorstellungen des Guten. Über die Grundwerte einer Gemeinschaft entscheidet die Gemeinschaft als letzte Entscheidungsinstanz. Verbindliche **Grundwerte** sind Schutz des menschlichen Lebens, das physische Wachstum und Heranreifen von Kindern oder die Chance für Individuen, sich am gesellschaftlichen Leben, an Wirtschaft und Politik zu beteiligen. Auf diesen substantiellen, weltweit gültigen Werten, gegenüber denen alle Menschen verpflichtet sind, basieren kulturübergreifende moralische Dialoge. In dem kommunitaristischen Paradigma, das die Rechte des Individuums als weltweite Kultur der Menschenrechte im Sinne **selbstevidenter Werte** begründen will, zeigt sich, wie in anderen Modellen einer Rückbesinnung auf aristotelische Ethikkonzeption (Martha Nussbaum), dass die Entwürfe des guten Lebens ohne fundamentale Sicherung der liberalen Freiheitsrechte nicht möglich sind. Die neuere Entwicklung des Kommunitarismus will deshalb auch beiden grundlegenden Prinzipien einer guten Gesellschaft gerecht werden: der sozialen Ordnung, die auf moralischen Werten basiert und der individuellen Autonomie, einer möglichst weitgehenden Freiheit. Ziel ist ein Gleichgewicht zwischen beiden Orientierungen, eine Balance zwischen individuellen Rechten und sozialer Verantwortung, zwischen **Individualität** und **Gemeinschaft**, zwischen Autonomie und sozialer Ordnung.

Evidenz:
unmittelbare Gewissheit wahrer Sachverhalte

2 Moralität und Sittlichkeit

Während die Ethik auf der einen Seite vor allem Entwürfe des **gelingenden Lebens** diskutiert, macht sie auf der anderen Seite das Problem der Normen und der **Normbegründung** zu ihrem Gegenstand. Unter den Moralphilosophen gibt es ganz unterschiedliche Begründungsversuche von Normen sowie verschiedene Ansichten darüber, wie der Maßstab für moralische Handlungen gefunden werden könnte. Im allgemeinen fallen die Begründungsversuche in zwei Kategorien: sie argumentieren entweder deontologisch und fragen nach dem **Prinzip** des Handelns oder konsequentialistisch und beurteilen die moralische Richtigkeit der Handlung nach ihren **Folgen**.

__deontologisch__ (gr. to deon): die Pflicht, das Erforderliche; in der modernen analytischen Moralphilosophie Terminus für ein Handeln aus Pflicht

Handlungsbeurteilung

Maxime/Prinzip — Zweck/Folgen

ethische Theorie

deontologisch
Pflichtethik — konsequentialistisch
Utilitarismus

2.1 Moralität als Autonomie

Die deontologischen Theorien suchen den Maßstab des Moralischen in der Triebfeder menschlichen Tuns, in der Maxime, im Handlungsprinzip. Eine Handlung gilt als moralisch richtig, wenn sie Maximen folgt, die in sich gut sind. Moralische Normen, wie Versprechen zu halten, keine Unwahrheit zu sagen, sind für sich selbst ungeachtet der jeweiligen Folgen gültig; sie büßen auch dann nichts von ihrer Verbindlichkeit ein, wenn die Konsequenzen ihrer Befolgung schlechter sind als im Falle einer Nichtbefolgung. Ein wichtiger Vertreter der **deontologischen Ethik** ist schon der antike Philosoph Sokrates, den Höhepunkt stellt sicher die Pflichtethik **Kants** dar. Mit seiner Forderung, „nach Maßgabe der praktischen Vernunft" zu handeln, setzt Kant die philosophische Tradition fort, die Sokrates als „Vater" der Moralphilosophie begründete. Noch deutlicher als Sokrates zeigt Kant auf, dass moralisches Urteilen und Handeln nicht Sache eines persönlichen Gefühls oder einer willkürlichen Entscheidung, auch nicht eine Frage der Tradition oder Konvention ist. Handeln ist Gegenstand einer rationalen Argumentation auf der Grundlage eines höchsten moralischen Prinzips. Der Mensch kann sich unabhängig von seinen Wünschen und Bedürfnissen der Vernunft gemäß selbst zum Handeln bestimmen. **Sapere aude** – habe Mut dich deines eigenen Verstandes zu bedienen, heißt dann auch der Wahlspruch der **Aufklärung**, die Kant in dem großen System seiner kritischen Transzendentalphilosophie zu Ende denkt und überwindet. Die Grundprobleme des Menschen fasst er unter vier Fragen, die auch das Gebiet der Philosophie umreißen:

__Immanuel Kant__ (1724–1804), bedeutendster Philosoph der deutschen Aufklärung und als Begründer der kritischen Transzendentalphilosophie einflussreich bis in die heutige Zeit.

Aufklärung (16./17. Jh.) „ist der Ausgang des Menschen aus seiner selbst verschuldeten Unmündigkeit" Kant

1. Was kann ich wissen?(Erkenntnislehre)
2. Was soll ich tun? (Ethik)
3. Was darf ich hoffen? (Religion)
4. Was ist der Mensch? (Anthropologie)

transcendental: *das vor aller Erfahrung im Bewusstsein befindliche Vermögen der Erfahrungserkenntnis, dagegen* ***transzendent****: übersinnlich, übernatürlich*

a priori: *von aller Erfahrung unabhängige Vernunfterkenntnis*
a posteriori: *aus der Erfahrung stammende Erkenntnis*

Kopernikus *(1473–1543): Wende vom geozentrischen zum heliozentrischen Weltbild*

Kants kritische **Transzendentalphilosophie** zielt in diesen Bereichen nicht auf die Existenz von Dingen, sondern auf die Bedingungen der Möglichkeit des menschlichen Erkennens dieser Dinge. Diese Bedingungen objektiver Erkenntnis und Gesetzgebung im theoretischen und praktischen Bereich müssen in der Vernunft des erkennenden und handelnden Subjekts gesucht werden. Auf dem Weg der Selbstprüfung und Selbstrechtfertigung untersucht die „Kritik der reinen Vernunft“ (1781/1787) die Prinzipien einer erfahrungsunabhängigen theoretischen Vernunft und bestimmt sie hinsichtlich ihrer Möglichkeiten und Grenzen. Mit dem Ergebnis, dass es **apriorische** (nicht-empirische) Bedingungen der Erkenntnis, wie Raum und Zeit, Begriffe und Kategorien gibt, unter denen wir die Wirklichkeit wahrnehmen und denken, die aber ihrerseits abhängig sind von dieser **aposteriorischen** (empirischen) Erfahrung, leitet Kant eine grundlegende Neu- oder Umorientierung des Denkens, eine Kopernikanische Wende ein. Dies gilt auch für die Ethik. Die „Kritik der praktischen Vernunft“ (1788) weist nach, dass es der Vernunft möglich ist, den Willen des Menschen und sein praktisches Verhalten durch ein reines Vernunftgesetz zu bestimmen. Die „Kritik der Urteilskraft“ (1790) enthält eine kritische Ästhetik, besonders des Schönen, des Erhabenen und des Genies.

Kant unterscheidet begrifflich und systematisch die theoretische von der praktischen Vernunft.

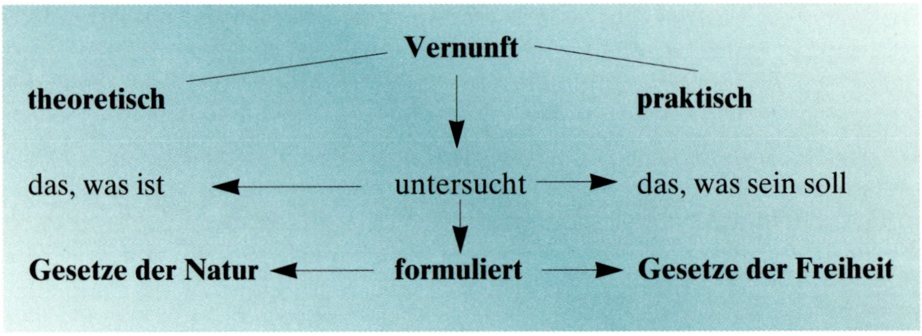

Autonomie *(gr. autos „Selbst“ und nomos „Gesetz“): Unabhängigkeit, Selbstgesetzgebung*
Heteronomie: *(gr. heteros „der andere“): Fremdgesetzlichkeit, Abhängigkeit*

Der Grundgedanke der kantischen Ethik liegt in einer moralisch gesetzgebenden und zwecksetzenden **praktischen Vernunft**, die sich auszeichnet durch Autonomie gegenüber den natürlichen Bestimmungen. Der Mensch ist nach Kant ein Bürger zweier Welten. In seiner Handlungsbestimmung kann er zwei Standpunkte einnehmen, den der **Sinnlichkeit** und den der **Vernunft**.

Mensch
sinnlich-vernünftig

unteres Begehrungsvermögen Lust/Unlust – Neigung heteronom	**oberes Begehrungsvermögen** Vernunft – Sittengesetz autonom
↓	↓
Maxime der Selbstliebe	**Maxime der Tugend**
↓	↓
hypothetische Imperative	**kategorischer Imperativ**

Kant unterteilt die moralischen Prinzipien in **Maximen**, d. h. in individuelle Handlungsregeln und in **Imperative**, d. h. allgemeinverbindliche Regeln. Die Imperative drücken verschiedene Grade von Verbindlichkeit aus: sie sind entweder **hypothetisch** oder **kategorisch**.

Maxime: *subjektives Prinzip des Wollens, individeueller Handlungsgrundsatz*

Als sinnlich bestimmtes Wesen ist der Mensch mit seinem **unteren Begehrungsvermögen** ein Teil der Natur und folgt seinen natürlichen Trieben, Affekten und Neigungen als Äußerungen des Selbstinteresses oder der Eigenliebe. Die empirisch-praktische Vernunft hat die Aufgabe, die Bedürfnisse, die nach dem Nützlichen und dem Glück ausgerichtet sind, optimal zu befriedigen. Sie entdeckt Regeln, **hypothetische Imperative**, die vorschreiben, was der Handelnde tun soll, wenn er erreichen will, was er begehrt. Sie sind „Regeln der Geschicklichkeit" oder „Ratschläge der Klugheit" und regeln die Wahl angemessener Mittel zur Erreichung bestimmter Zwecke, die nicht notwendigerweise moralisch gut oder vertretbar sein müssen. Ihre Geltung steht unter der Voraussetzung: Wenn du den Zweck willst, wähle die geeigneten Mittel. Unter die Regeln der Geschicklichkeit fallen technische Vorschriften, die richtigen Mittel zur Erstellung des beabsichtigten Produkts zu wählen. Ratschläge der Klugheit sind dagegen pragmatische Imperative, die die tatsächliche Absicht des Menschen befördern sollen, die **Glückseligkeit**. Da Glückseligkeit als Endzweck aber so unbestimmt ist – jedermann wünscht sich Glückseligkeit, aber niemand kann genau wissen, was das ist – kann die Klugheit nur Ratschläge geben, nur unbestimmte Verallgemeinerungen über die Mittel, den Weg, auf dem der Mensch glücklich werden kann.

hypothetisch: *bedingt, in Hinblick auf die Mittel für einen zu erreichenden Zweck: willst du X, wähle Y.*

Zweck: *vorgestellter und gewollter zukünftiger Vorgang oder Zustand*

Auch wenn das Interesse an der eigenen Glückseligkeit und das Streben nach ihr etwas vollkommen Natürliches ist, so wird die Lebensführung des Menschen als eines moralischen Wesens durch eine andere, von den Neigungen unabhängige Instanz bestimmt, dem **oberen Begehrungsvermögen**. Durch diese angeborene Anlage zum Guten besitzt der Mensch die Freiheit, zwischen den beiden ihn bestimmenden Vermögen zu wählen. Er kann seinen Willen unter den Zwang von Trieb und Neigung unterordnen; er kann aber auch den Willen unter das Gebot der Vernunft, das Sittengesetz stellen und moralisch gut handeln. Er handelt als moralisches

Pflicht: *häufig missverstandener Grundbegriff der kantischen Ethik (rigorose Pflichtethik); bei Kant stets: Selbstverpflichtung*

Wesen, wenn er sich freiwillig der Pflicht (Selbstverpflichtung) unterwirft, dem von der reinen praktischen Vernunft aufgestellten Gesetz zu folgen. Allerdings zeichnet die bloße Übereinstimmung mit der Pflicht, etwa die Wahrheit zu sagen, noch nicht die moralisch gute Handlung aus; sie ist lediglich pflichtgemäß, d. h. legal. Moralität kommt ihr im Unterschied zur Legalität erst zu, wenn ihr Bestimmungsgrund die Pflicht oder die **Achtung vor dem Sittengesetz** ist. Eine Handlung hat nur dann echten moralischen Wert, wenn sie um der Pflicht, d. h. um des selbst gegebenen Sittengesetzes willen erfolgt.

kategorisch *(gr. kategorein): unbedingt, objektiv, drückt ein unausweichliches Sollen aus*

Die Sätze, die ein kategorisches Sollen unabhängig von aller sinnlichen Neigung vorstellen, nennt Kant kategorische Imperative, sie gelten a priori, unbedingt und absolut. Der **kategorische Imperativ** konstituiert den **Zweck an sich**, er liegt in der Moralität der Handlung selbst, in der reinen, durch keine sinnlich bedingten Antriebe bestimmten Selbstgesetzgebung. Alles Handeln, das zur Befriedigung der Bedürfnisse geschieht, ist ihm unterzuordnen. Die durch technische und pragmatische Imperative gesetzten Zwecke müssen sich also an dieser letzten Zwecksetzung messen. Der kategorische Imperativ gebietet, Handlungen zu vollbringen, die nicht etwa als Mittel zu einem anderen Zweck oder zur Befriedigung einer bestimmten Begierde gut sind, sondern gut an sich. An sich gut ist eine Handlung, die derjenigen Maxime folgt, durch die der Handelnde zugleich wollen kann, dass sie allgemeines Gesetz werde. Die Allgemeinheit, die in jeder Handlungsmaxime steckt, ist nur eine subjektive. In einem Verfahren der Verallgemeinerung prüft nun der kategorische Imperativ, ob der in der Maxime gesetzte subjektive Grundsatz auch als objektiver, d. h. als allgemeines Gesetz gedacht und gewollt werden kann. Dann ist die Maxime tauglich zur Bestimmung einer moralisch guten Handlung. Die allgemeine Gesetzesfähigkeit der Maxime, die sie für jedes sinnlich-vernünftige Wesen zum unbedingten objektiven Prinzip macht, wird ausgedrückt durch die Grundformel:

Universalisierung *(lat. universalis): Verallgemeinerung, trifft bei Kant ausschließlich die Maximen und nicht die Handlungen oder Handlungsfolgen*

> Handle nur nach derjenigen Maxime, durch die du zugleich wollen kannst, dass sie ein allgemeines Gesetz werde.

Formalismus: *häufige Kritik an der Grundformel, beruht auf dem Missverständnis, dass es sich bei dem kategorischen Imperativ um eine Leerformel handle*

Dieses unbedingt gültige Prinzip der Moral geht von zwei Annahmen aus:

1. das Prinzip moralischen Handelns muss für alle vernünftigen Wesen dasselbe sein, es darf keine Ausnahmen zugunsten subjektiver Vorlieben zulassen;
2. das oberste moralische Gesetz muss allgemein sein, d. h. objektiv und unpersönlich, unparteiisch; als solches kann es aber nur die Form der moralischen Verbindlichkeit enthalten, nicht den Inhalt bestimmen.

Die inhaltliche Bestimmung geben weitere Formeln des Kategorischen Imperativ, von denen die wirkungsmächtigste die „Mensch-Zweck-Formel“ darstellt:

> Handle so, dass du die Menschheit, sowohl in deiner Person als in der Person eines jeden anderen jederzeit zugleich als Zweck, niemals bloß als Mittel brauchst.

Diese Formulierung macht die Achtung vor der Persönlichkeit als solcher zur Pflicht. Kant geht von der vernünftigen Natur als **Zweck an sich** selbst aus, da jeder Mensch notwendig seine eigene Existenz als einen Zweck an sich selbst ansieht und das bei anderen ebenso voraussetzen muss. Die Mensch-Zweck-Formel verbietet, gleich unter welchen Umständen, unter Absehen aller möglichen Folgen, ein vernünftiges Wesen bloß als Mittel zu gebrauchen, zu bevormunden, es seiner Freiheit, seiner Würde zu berauben. Die **Idee der Persönlichkeit** fasst Kant in dem Begriff Menschheit, der den Besitz der Vernunft, der Freiheit und die Befähigung zur Selbstgesetzgebung umfasst. Auf diesen Überlegungen beruht der Begriff der **Menschenwürde**.

Zweck an sich selbst-Sein: *von Kant anthropozentrisch auf vernünftige moralfähige Wesen beschränkt*

In Kants Konzeption des Menschen als sinnlich-vernünftigem Wesen kehrt scheinbar die platonisch-christliche Trennung von Sinnlichem und Übersinnlichem wieder. Sofern der Mensch sich als Glied der Sinnenwelt versteht, erscheint er als empirischer Charakter, als Glied der Verstandeswelt aber ist er ein intelligibler Charakter und kann sich als vernünftiges Wesen in Freiheit selbst bestimmen. Gleichzeitig zeigt aber Kants Postulatenlehre einen Übergang von einem metaphysischen zu einem moralischen Begriff des Guten. Für den Menschen gibt es zwei Arten des Guten, nach denen er streben kann: das Ziel des sinnlich bestimmten Willens ist **Glückseligkeit,** das Ziel des vernünftig-moralischen Willens ist **Tugend**. Da der Mensch nun der sinnlichen wie der sittlichen Welt angehört, muss das **höchste Gut** für ihn in der Vereinigung von Tugend und Glückseligkeit bestehen.

Intelligibele Welt: *nicht empirisch, in der reinen Vernunft begründet*

Postulat: *praktisch unmittelbar gewisser Grundsatz*

Postulate der reinen praktischen Vernunft:
- *Freiheit des Willens*
- *Unsterblichkeit der Seele*
- *Existenz Gottes*

Sinnenwelt ◄—— Mensch ——► **Verstandeswelt**

Glückseligkeit — Moralität

höchstes Gut

▼

Proportionalität

Glückseligkeit und Moralität

Nun lehrt die Erfahrung, dass Tugend nicht notwendig zum Glück führt, andererseits Untugend mit zeitlicher Glückseligkeit vereinbar ist. Da es keine Gewähr gibt, dass Tugend in der irdischen Existenz notwendig zur Glückseligkeit führt, entwirft die praktische Vernunft eine über die zeitliche Existenz hinausreichende Realität der Persönlichkeit (Unsterblichkeit der Seele) und eine Macht, die die gebührende Glückseligkeit zuteilt. Ein solches Wesen von höchster Vollkommenheit (allwissend, allmächtig,

moralischer Gottesbeweis: *die Existenz Gottes ist notwendige Idee der theoretischen und Postulat der praktischen Vernunft*

heilig) kann nur in der **Idee Gottes** vorgestellt werden. So postuliert der moralische Glaube eine über die zeitliche Existenz hinausreichende sittliche Weltordnung, die in einer höchsten Vernunft begründet ist. Das Ideal des höchsten Guts ist so stets ein Produkt der moralisch-praktischen, also der menschlichen Vernunft und seine Verwirklichung eine Folge sittlicher Willensbestimmung.

G.W.F. Hegel *(1770–1831) Hauptvertreter des deutschen Idealismus, seine dialektische Methode gewann besonders Einfluss auf den Marxismus*

2.2 Substantielle Sittlichkeit

Das Kantische System der kritischen Transzendentalphilosophie führt im Bereich der theoretischen und der praktischen Vernunft (Verstandeswelt und Sinnenwelt) zu einem Dualismus, den vor allem **Hegel** in seiner **Philosophie des Geistes** zu überwinden sucht. Dabei geht er von einer Gesetzmäßigkeit aus, der **Dialektik**, die der Natur des Denkens und der Wirklichkeit selbst zugrunde liegt. Danach enthält jede These schon ihre Antithese, die beide in der Synthese aufgehoben werden. Ausgangspunkt ist der absolute Geist, der sich selbst entfremdet und wieder in sich zurückkehrt. Der Grundriss des Systems der gesamten spekulativen Philosophie gliedert sich in drei Teile: die **Logik**, die Naturphilosophie und die Philosophie des Geistes. In ihr erfasst Hegel den gesamten Weltprozess als Selbstentfaltung des Geistes.

„was vernünftig ist, das ist wirklich: und was wirklich ist, das ist vernünftig"

Phänomenologie des Geistes *(1807): grundlegende Darstellung des Systems*

Hegel beschreibt einen dialektischen Prozess, bei dem der Geist sich in die ihm fremde Form der Natur entlässt und durch die Geschichte hindurch im Menschen wieder zu sich kommt. Zunächst ist der Geist in einem Zustande des „an sich Seins"; danach entäußert er sich als sein „Anderssein" in die Form der an Raum und Zeit gebundenen Natur. Im dritten Stadium kehrt der Geist aus seiner Selbstentäußerung zu sich selbst zurück. Das Reich des Geistes gliedert sich wiederum in drei Stufen nach dem Verhältnis des Geistes zu sich selbst: als **subjektiver Geist** wird er sich im Menschen sich selbst bewusst; als **objektiver Geist** tritt er aus der subjektiven Sphäre heraus, um sich selbst Realität zu geben, sich zu manifestieren und objektivieren. Er schafft sich seine Welt und gestaltet sie nach seinem Willen in Recht, Moralität und Sittlichkeit. Als **absoluter Geist** kehrt der Geist durch den subjektiven und objektiven Zustand aus seinem Andersein ganz zu sich zurück; er ist jetzt „an und für sich". In Kunst, Religion und Philosophie findet der absolute Geist zu seiner Identität des Selbst-Wissens und wird zugleich unabhängig von seinen endlichen Erscheinungsformen.

Dialektik: These-Antithese-Synthese , *wesentliches Strukturmoment der Wirklichkeit*

Dialektische Bewegung:

Geist an und für sich
absoluter Geist (Philosophie, Kunst, Religion
objektiver Geist (Recht, Staat, Moral)
subjektiver Geist (Psychologie, Anthropologie)
Geist für sich (Naturphilosophie)
Geist an sich/Gott (Wissenschaft der Logik)

Das Reich des objektiven Geistes umfasst Familie, Gesellschaft und Staat. In diesen Bereichen tritt der im einzelnen Individuum verkörperte subjektive Geist in eine höhere, objektive Ordnung unter überindividuelle Gesetze der Ethik. In seiner Rechtsphilosophie unterscheidet Hegel die **Moralität** als die subjektive, innere Gesinnung von der **substantiellen Sittlichkeit**, die die Einheit herstellt zwischen objektiver und subjektiver Sphäre und die sich in der Familie, der bürgerlichen Gesellschaft und dem Staat verwirklicht. Der Begriff der Sittlichkeit wird zum Grundbegriff eines Ethikkonzepts, in dem Hegel besonders den Dualismus zwischen moralischem und empirischem Ich aufhebt in dem Versuch, die sittliche Einheit des ganzen Menschen wiederzufinden. Das kantische Sittengesetz bleibt für ihn abstrakt und leer, da der Mensch nicht dazu bestimmt ist, einzelne sittliche Handlungen zu verrichten, sondern ein **sittliches Wesen** zu sein. Die Sphäre des Sittlichen, in der die Freiheit Wirklichkeit, Wirksamkeit und Selbstbewusstsein erlangt, manifestiert sich auf der Seite des Einzelnen als Tugend, Rechtschaffenheit und Gewohnheit. Die gesellschaftlichen und politischen Institutionen werden als Wirklichkeit des subjektiven moralischen Willens begriffen, der sich in diesem sittlichen Kosmos der Gemeinschaft produktiv entfaltet. So kann Hegel auch sagen, dass der Staat die „Verwirklichung der sittlichen Idee“, die „Wirklichkeit der konkreten Freiheit“ ist.

Rechtsphilosophie *(1821): enthält das ganze System der praktischen Vernunft in drei Teilen:*
- *abstraktes Recht,*
- *Moralität*
- *Sittlichkeit in drei Institutionen: Familie, bürgerliche Gesellschaft, Staat*

2.3 Die Mitleidsethik

„Die Welt ist meine Vorstellung“ mit diesem Satz beginnt **Arthur Schopenhauers** Hauptwerk „Die Welt als Wille und Vorstellung“ (1819).
Er schließt sich zunächst der kantischen Lehre an, wonach die menschliche Wirklichkeit nur als „Escheinung“ in der Vorstellung existiert. Die „Dinge an sich“ sind dem Menschen unzugänglich. Schopenhauers unerkennbares Ding an sich, das der Welt zugrunde liegt, ist der **Wille**. Nach seiner metaphysischen Grundüberzeugung besteht der Urgrund der Welt aus einem blinden Willen, der sich in seiner Selbstverwirklichung in viele einzelne Willen spaltet. Er ist vom Ursprung her ein blinder, unaufhaltsamer Drang, der das in der Welt herrschende **Leiden** hervorruft, da er selbst von Streit und Gegensatz durchzogen ist. Alles Weltgeschehen, auch das Leben der Pflanzen und der Tiere, ist Ausdruck dieses Willens zum Leben. Im Menschen sind alle Tätigkeiten seines Leibes, atmen, bewegen, essen, trinken, lieben, schlafen, Ausdrucksweisen seines Lebenswillens, der sich im Einzelnen als Individualismus äußert und als sein Werkzeug die Vernunft, das Selbstbewusstsein hervorbringt. Je weiter sich der Mensch bewusst ist, desto mehr erkennt er, dass das Leben Leiden ist. Der Wille strebt nach Befriedigung, die aber bleibt ihm in dieser Welt versagt. Alles Wollen entspringt daher „aus Bedürfnis, also aus Mangel, also aus Leiden“, d.h. der wollende Mensch unterliegt einem verhängnisvollen Kreislauf von Begehren, Leiden, wieder Begehren und wieder Leiden. Keine Befriedigung ist von Dauer und das Streben findet in keinem Ziel ein Ende.

Arthur Schopenhauer *(1788–1860) Privatgelehrter, begründet eine umfassende Willensmetaphysik*

Grundsatz: ***neminem laede:*** **Verletze niemanden, sondern hilf allen, soweit du kannst**

Schopenhauer bietet zwei Auswege aus diesem verhängnisvollen Kreislauf an: den ästhetischen und den ethischen. Aus seiner metaphysischen Weltkonzeption leitet er das Prinzip der Ethik ab. Da alle Wesen dem einen Willen entspringen und somit gleich sind, erstreckt sich das Leiden auch auf alle Lebewesen. Indem der Mensch sich in die anderen Wesen einfühlt und mit ihnen leidet, überwindet er seinen Egoismus, der das Leiden verursacht; denn das Wohl und Wehe des anderen wird zu seinem Beweggrund. Indem er **Mitleid** empfindet, durchbricht er die Schranken der Individualität und sieht, dass alle Lebewesen im einheitlichen Urwillen befasst sind. Aus der Einsicht, dass das Leiden des anderen das eigene Leiden ist, erwächst das Mitleid, das sich in den moralischen Haltungen der Menschenliebe und der Gerechtigkeit äußert. Durch die Tat des Mitleids wird der das Leiden schaffende Wille verneint. Die Grundprinzipien der Ethik beruhen auf nichtegoistischen Motiven:

Mitleid: *Quelle und Triebfeder der Moral*

	Wohl und Wehe	
mein eigenes		des anderen
egoistisch		**moralisch**
Böse		Gute

präskriptiv: *vorschreibend*
deskriptiv: *beschreibend*

In seiner Theorie setzt sich Schopenhauer besonders kritisch mit der Ethik Kants auseinander, der er einen „gänzlichen Mangel an Realität“ vorwirft, da ihr jede empirische Grundlage fehlt; eine präskriptive Sollensethik hält er insgesamt für verfehlt. Ethik kann nur **deskriptive Seinsethik** sein, die die tatsächlichen moralischen Triebfedern ermittelt und moralische Handlungen beschreibt: auf freiwilliger Gerechtigkeit und reiner Menschenliebe.

2.4 Die Diskursethik

Die einflussreichen zeitgenössischen **Diskurs**- bzw. **Kommunikationstheorien** zeigen einen viel diskutierten Ansatz, das Prinzip normativer Gültigkeit ethisch zu begründen. Sie folgen dem transzendentalphilosophischen Ansatz der kantischen Ethik, versuchen aber hinsichtlich der bestimmten Inhalte konkreter Institutionsnormen zwischen Kants ethischem Formalismus und Hegels Standpunkt der substantiellen Sittlichkeit zu vermitteln.

Jürgen Habermas *(*1929) Philosoph und Soziologie. Begründer der kritischen Gesellschaftstheorie und Theorie der kommunikativen Kompetenz*

In der von Sokrates begründeten Tradition sieht die **Kommunikationsethik** praktische Philosophie als diskursive Tätigkeit; ihre Methode ist das Bezweifeln und Überprüfen. Für **Habermas** ist der Diskurs die „dialogförmige kritische Prüfung erhobener Geltungsansprüche allein aufgrund von Argumenten und unter Voraussetzung der Gleichberechtigung der Argumentierenden“. Ziel ist es, Konflikte im zwischenmenschlichen Bereich durch kommunikative Entscheidungsfindung vernünftig zu lösen. In einem gewaltlosen Prozess des Sich-Miteinander-Beratens soll aus den ursprünglich konkurrierenden Meinungen über die angemessenen Mittel und Wege zu den Zielen durch Argumentation eine gemeinsame Überzeugung erarbeitet werden. Damit ist nicht jedes beliebige Miteinandersprechen gemeint, sondern ein Diskurs, der unter besonderen idealen Bedingungen, die grundlegende normative Prinzipien erfüllen müssen, stattfindet. Habermas setzt eine mehrfache Chancensymmetrie der **idealen Sprechsituation** als herrschaftsfreier Kommunikation voraus. Ein solcher Diskurs ist dann eine Argumentation, die man zur Prüfung einer aufgestellten Behauptung durchführt und die einen idealen dialogischen Anspruch erhebt. Sie kann jederzeit und mit jedermann als gleichberechtigtem Dialogpartner durchgeführt werden. Die Resultate müssen dann gegenüber jedem vernünftig Argumentierenden zu verteidigen sein. Er enthält eine grundsätzliche kritische Spannung zu jeder realen Kommunikation, die etwa unter Zeitdruck stattfinden muss. Er taugt vor allem als kritischer Maßstab für die reale Kommunikation und deren Ergebnisse, also die tatsächlich erzielten Übereinstimmungen.

ideale Sprechsituation: *ideale reine Kommunikation in völliger Gleichberechtigung der Sprecher*

In der Ethik der Kommunikation von **Apel** geht es darüber hinaus um die Begründung ethischer Normen schlechthin. Er vertritt die These, dass es möglich und vernünftig ist, für theoretische wie auch praktische Philosophie eine **Letztbegründung** zu suchen, d.h. eine Begründung, die so beschaffen ist, dass danach die Forderung nach einer weiteren Begründung für den zuletzt gegebenen Grund sinnvoll nicht mehr erhoben werden kann. Die von Apel vorgeschlagene transzendentalpragmatische Letztbegründung ist ein Aufdecken letzter Argumentationsvoraussetzungen als rationaler, nichthintergehbarer letzter Prämissen. Was sich nicht sinnvoll, d.h. ohne Selbstwiderspruch bestreiten lässt, weil es bei jeder sinnvollen Argumentation vorausgesetzt werden muss, das ist eine sichere, durch nichts zu erschütternde Basis.

Karl Otto Apel *(*1922) Philosoph, Begründer einer Transzendenalpragmatik, Konsenstheorie der Wahrheit und kommunikativen Ethik*

Dazu muss man von folgenden Bedingungen ausgehen:
1. Argumentation ist an **Kommunikation** gebunden.
2. Sinnvolle Argumentation ist nur möglich unter der Voraussetzung der Existenz einer Argumentations- bzw. **Kommunikationsgemeinschaft**.
3. Das Ziel sinnvoller Argumentation ist die Gewinnung von intersubjektiv gültigen Aussagen, in praktischen Diskursen die Errichtung **von intersubjektiv verbindlichen Normen.**
4. Unbedingte Voraussetzung ist die wechselseitige Anerkennung der Argumentierenden als wahrheits- und zurechnungsfähige, gleichberechtigte, aufrichtige Subjekte, als **Personen**.

Apel stützt sein Letzbegründungsargument auf die Tatsache, dass ernsthaft Argumentierende diese Voraussetzungen immer schon notwendig anerkannt haben und nicht imstande sind, zweifelnd hinter sie zurück zu gehen. Diese Argumentationsvoraussetzungen begründen eine normative Ethik der Kommunikation, die die Beantwortung der Fragen zum Ziel hat: Was sollen wir tun? Gibt es etwas, wozu wir immer schon verpflichtet sind? Aus dem Letztbegründungsargument folgen zwei fundamentale Normen:

Letztbegründung: *Urteil, das als Grund, nicht jedoch als Folge eines Grundes aufgefasst werden darf und nicht mehr hinterfragt werden kann*

1. Argumentiere rational!
2. Bemühe dich um einen vernünftigen Konsens!

Während die erste Grundnorm der notwendigen Rationalität durchaus noch verträglich ist mit einer egoistischen Klugheitsethik, stellt die zweite Norm den Kern einer Ethik der Kommunikation dar. Aus ihr folgt die fundamentalethische Grundnorm der „verallgemeinerten Gegenseitigkeit aller Geltungsansprüche", die jedes Mitglied einer Argumentations- und Kommunikationsgemeinschaft als solches bereits anerkannt hat. Die Verpflichtung zum Konsens und die damit verbundene gegenseitige Anerkennung als gleichberechtigte, wahrheits- und zurechnungsfähige Argumentationspartner ist eine bindende, letztbegründete **Metanorm**, die inhaltliche Normen ihrerseits begründen kann. Normen, in denen bestimmte Handlungstypen geboten oder verboten werden, wie etwa „Du sollst nicht töten!" können dagegen nicht unmittelbar letztbegründet werden. Damit entwirft Apel ein zweistufiges Verfahren der Normbegründung, das von der Grundnorm der Kommunikationsethik als Metanorm der konsensualen Normenbegründung ausgeht. Die erste Stufe erhebt Anspruch auf Letztbegründung, auf der zweiten Stufe muss die Begründung inhaltlicher situationsbezogener Normen dagegen möglichst revidierbar sein, da sie in realen praktischen Diskursen der Betroffenen geleistet wird. Dazu müssen notwendig vorausgesetzt werden:

Metanorm: *Norm über allen konkreten Normen*

kontrafaktische Antizipation: *Vorwegnahme als Unterstellung gegen die vorhandenen Tatsachen. Von Habermas eingeführter Begriff der unvermeidlichen Unterstellung einer idealen Sprechsituation in jedem argumentativen Diskurs*

- die **ideale Kommunikationsgemeinschaft**, die wir im ernsthaften Argumentieren kontrafaktisch antizipieren müssen;
- die **reale Kommunikationsgemeinschaft**, in der wir sozialisiert sind und in der wir ein hinreichendes Einverständnis schon erzielt haben müssen, um einen argumentativen Diskurs faktisch führen zu können,
- das Bewusstsein der **prinzipiellen Differenz** zwischen der idealen und der realen Kommunikationsgemeinschaft.

Die Ethik der konsensualen Normenbegründung wird so zu einer regulativen Idee im Sinne Kants: Im Argumentieren wird die Erfüllung der idealen Bedingungen konsensualer Kommunikation „kontrafaktisch antizipiert".

2.5 Die Existenzphilosophie

Existenzphilolosophie: *philosophische Strömung des 20. Jahrhunderts, geht auf Nietzsche und Kierkegaard zurück*

Die vorwiegend im 20. Jahrhundert in Europa entstandene Existenzphilosophie ist eine Protesthaltung gegen die philosophische Tradition des Abendlandes. Allgemeine Aussagen über den Menschen (Kant) werden ebenso abgelehnt wie das Philosophieren im Rahmen eines Systems (Hegel). Philosophisches Denken soll konkret vom einzelnen Menschen und seiner jeweiligen Situation ausgehen, weil jeder Mensch in jeweils individuellen Existenzsituationen steht. Ausgangspunkt ist die Tatsache, dass der Mensch nicht mehr bereit ist, sein Vorhandensein in der Welt als bloßes Faktum hinzunehmen, ohne nach einer vernünftig einsehbaren Erklärung und akzeptablen Sinngebung für diese Existenz zu fragen.

Die **existentialistische Ethik** stellt den Begriff der menschlichen Existenz in dem Mittelpunkt ethischer Überlegungen und versucht, das Gute aus der Gesamtheit menschlichen Selbstseins zu begründen. Sie nimmt den

Gedanken wieder auf, dass die moralischen Prädikate gut und böse ihr Fundament im Willen des einzelnen haben. Die Einheit von Denken, Wollen, Fühlen und Handeln im konkreten Vollzug des Daseins herzustellen ist die moralische Aufgabe des Einzelnen.
Die existentialistischen Ethiker sind in der Regel **Handlungsdeontologen** und vertreten die Ansicht, dass in jeder Situation neu entschieden werden muss, was richtig oder pflichtgemäß ist, ohne sich auf eine allgemeine Regel berufen zu können. Alle grundlegenden Verpflichtungsurteile sind dann reine Einzelurteile von der Form: „In dieser Situation sollte ich so und so handeln". Diesen Standpunkt vertreten beispielhaft Sartre und Camus.

*Deontologische Theorien lassen sich in **handlungs-** und **regeldeontologische** unterscheiden. Prominente **Regeldeontologen** sind **Sokrates** und **Kant.***

Kierkegaard erschließt den Begriff des moralisch Guten von der Seinsweise des einzelnen Subjekts als eines existierenden Individuums her neu. Er geht, wie Kant, zunächst davon aus, dass das Gute nur als Produkt einer freien Willensentscheidung begriffen werden kann. Da Menschsein als Existenz nicht statisches Sein, sondern Prozess, Selbstwerdung ist, muss sich der Einzelne, um moralisch handeln zu können, in einem Akt autonomer Selbstbestimmung unbedingt entschlossen haben, er selbst zu sein. Kierkegaard nennt das die **ethische Wahl**, durch die man das Wollen, bzw. das **Moralischseinwollen** wählen und damit Gut und Böse als die moralischen Grundkategorien anerkennen kann. Mit dieser ursprünglichen Wahl bringt der Einzelne in freier Selbstbejahung sich selbst als moralische Person hervor, die bereit ist, ihr künftiges Wollen und Handeln den Normen des Guten und Bösen zu unterstellen. Gegenstand der unbedingten Wahl, die eine Lebensfrage betrifft, ist das Selbst, das sich damit ausdrücklich in den Horizont der Moralität stellt, um von nun an alles unter dem Gesichtspunkt von Gut und Böse zu beurteilen.

***Sören Kierkegaard** (1813–1855), dänischer Philosoph und Theologe, Begründer der Existenzphilosophie Hauptwerk: **Entweder-Oder** (1843)*

Vom Gedanken der menschlichen Freiheit aus entwickelt Kierkegaard seine Lehre von den Existenzmöglichkeiten, den „Stadien auf dem Lebensweg".

Das ästhetische Stadium
Der Mensch lebt im Äußerlichen und Sinnlichen. Der Fülle der Möglichkeiten gegenüber verhält er sich anschauend und genießend, nicht aber tätig und verantwortlich. Er hat sich noch nicht selbst gewählt und verfällt in Daseinsleere und Verzweiflung, die ihm den Sprung ins nächste Stadium ermöglichen.

Das ethische Stadium
Wahl und Entscheidung kennzeichnen das Stadium der Freiheit. Indem der Mensch sich selbst wählt, wählt er auch, dass er Verantwortung für sein Selbst übernehmen will. Doch auch dieser Versuch, sich selber ethisch in die Hand zu nehmen, endet in der Verzweiflung. Der Mensch entdeckt zuletzt, dass er nicht aus sich selber heraus wahrhaft er selbst werden kann – er lädt Schuld auf sich, weil er nicht im Besitz der Bedingungen ist, ethisch ideal zu leben.

Das religiöse Stadium
Der Mensch muss den Sprung in den Glauben wagen. Er begreift, dass er im christlichen Verständnis nicht sich allein aus der Sünde befreien kann, weil allein Gott die Bedingung der Wahrheit geben kann. Im Glauben gründet sich der Mensch vorbehaltlos in Gott – erst jetzt existiert der Mensch für Kierkegaard wesentlich.

Jean-Paul Sartre (1905–1980) französischer Philosoph, einflussreicher Vertreter der franz. Existenzphilosophie

Der Begriff der Existenz, d. h. das konkrete Dasein des Einzelnen als eines existierenden Individuums steht auch im Mittelpunkt von **Sartres** Philosophie. Die ethische Aufgabe des Einzelnen besteht darin, zu existieren, sich zu verhalten und im Sichverhalten der zu werden, der man wirklich ist. Für Sartre geht daher die **Existenz**, das Dasein, der **Essenz**, der Wesensbestimmung des Menschen voraus. Da es keinen Gott gibt, gibt es auch keine vorgegebene menschliche Natur. Sartre kehrt das Verhältnis von Essenz und Existenz um:

Christentum

Gott → entwirft → Bild = Essenz → erschafft und bestimmt → Mensch = Existenz

Existentialismus:

Mensch = Existenz → entwirft und erschafft → Bild = Essenz

Atheismus: Gottesleugnung, Gottesverneinung

Sartres konsequenter **Atheismus** besagt, dass jede Wertordnung ihren Grund in der menschlichen Freiheit hat; jeder Mensch muss für sich selbst seiner Existenz erst einen Sinn setzen. Der Mensch ist quasi Nullpunktexistenz; er ist geworfen in das Dasein. Seine Existenz beginnt er als radikal Freier, dem nichts vorgegeben ist, keine Werte, keine Normen. Nachdem er in das Dasein geworfen ist, kann und muss er wählen; er ist, wie Sartre sagt, „zur Freiheit verurteilt". Aber nicht nur sein Wesen muss er selbst hervorbringen, sondern er muss auch die Vorstellungen vom Guten, das Gute in der Welt aller erst entwerfen, ohne sich auf bestehende Vorgaben beziehen zu können

Dieser absoluten Freiheit korrespondiert eine umfassende **Verantwortung** des Menschen für sein Tun, denn einerseits ist der Mensch für sein Sein (Essenz) verantwortlich, weil er sich den Sinn seiner Situation wählt, andererseits ist er für die Welt verantwortlich. Total ist die Verantwortlichkeit vor allem darum, weil der Mensch durch seine positiven wie negativen Handlungen die Welt konstituiert und also für ihre Beschaffenheit verantwortlich ist. Daher kann Sartre auch behaupten, dass der Mensch nicht Freiheit hat, sondern dass er Freiheit ist. Nachdem er in das Dasein geworfen ist, kann und muss er wählen, was aus ihm werden soll; sein

Wesen ist das, wozu er sich macht. Entzieht er sich der freien Wahl und sucht Entschuldigungen, indem er Bedingungen, Vorausbestimmungen erfindet, so verfällt er in mauvaise fois, den Selbstbetrug oder wählt die Flucht vor sich selbst.

mauvaise fois: *Haltung der Unredlichkeit*

Für **Camus** ist die Absurdität des Lebens und der Welt der Ausgangspunkt seiner Überlegungen. Das Individuum spürt diese **Sinnlosigkeit** emotional, z. B. in der Monotonie des Arbeitsalltags, aber auch rational. Seine Suche nach einem vernünftigen Prinzip, das die Welt sinnvoll ordnet, bleibt immer ohne Erfolg. So bieten sich dem Menschen als Antwort auf diese Grundsituation mehrere Verhaltensmöglichkeiten an:

Albert Camus *(1912–1960) franz. Existentialist, Philosoph und Schriftsteller*

1. Man kann aus der Sinnlosigkeit die **Wertlosigkeit** des Lebens folgern und als Konsequenz Selbstmord begehen.
2. Man kann in den Glauben an einen **Gott** und in ein Jenseits „springen", das die im Diesseits nicht erkennbare Sinnorientierung bietet.
3. Man kann, und das ist der Vorschlag Camus, gegen die Absurdität das ganze Leben lang **rebellieren**.

Im „Mythos vom Sisyphos" zeigt Camus, dass der Mensch nur eine Gewissheit hat: Er existiert in dieser Welt ohne jede Bindung und Beeinflussung durch eine leitende Instanz. Sein Schicksal ist allein seine Sache. In dieser Freiheit „erschöpft" er sich, sammelt möglichst viele Erfahrungen, immer im Bewusstsein der Dunkelheit und Undurchdringlichkeit des ihn umgebenden Universums. Der Mensch soll aber nicht vor dem Anblick einer vernunftwidrig schweigenden Welt fliehen, sondern diese Grenzsituation aushalten und gegen sie angehen. Sisyphos, der dazu verurteilt ist, den Stein den Berg hinaufzuwälzen, von dessen Gipfel der Stein dann immer wieder herunterrollt, erkennt im Hinabschreiten des Berges sein Schicksal. Er verzweifelt aber nicht, sondern kämpft heroisch gegen die doch nie überwindbare Absurdität an. In dieser Auflehnung ist er nicht fremdbestimmt, sondern sie ist seine alleinige Entscheidung, die ihn das Martyrium der Welt verachten lässt. Deshalb kommt für den Existenzialisten der Selbstmord nicht in Betracht, denn er wäre die Resignation des Menschen vor seiner Aufgabe. Sisyphos hat sich sein Schicksal selbst geschaffen, er nimmt es an und weiß, dass es so gut ist. In seinem ewigen Kampf gegen den Felsblock ist er frei und unabhängig. Wenn er den Berg hinuntergeht, überschaut er sein selbstgemachtes Schicksal. Camus beschließt sein Werk mit der Feststellung: „Wir haben uns Sisyphos als einen glücklichen Menschen vorzustellen."

Sisyphos

3 Das Nützliche und die Folgen

Die deontologischen Theorien Sokrates' und Kants suchen den Maßstab des Moralischen in der Triebfeder menschlichen Tuns bzw. in der Maxime, im Handlungsprinzip; für die Pflichtethiker sind teleologische Überlegungen zur Begründung sittlicher Gebote ausgeschlossen. Die teleologischen bzw. folgenethischen Begründungsversuche dagegen behaupten, dass das grundlegende Kriterium dafür, was moralisch richtig, falsch, verpflichtend usw. ist, im **Handlungszweck** liegt und die moralische Richtigkeit der Handlung nach ihren **Folgen** zu beurteilen ist, d. h. danach, ob und in welchem Umfang durch sie Güter und Werte wie Glück, Lust, Wohlergehen, Erkenntnis usw. geschaffen werden. Übereinstimmung herrscht in der Forderung, dass das Wohl der von der Handlung Betroffenen Ziel und Zweck sein soll; dagegen gibt es unterschiedliche Ansichten darüber, wessen Wohl man fördern sollte. So behauptet der ethische Egoist, dass man stets das tun sollte, was für einen selbst am besten ist; diese Ansicht vertreten Epikur und Hobbes. Für den Utilitaristen dagegen besteht das letzte Ziel im größten allgemeinen Wohl und die moralisch gute Handlung soll das größtmögliche Übergewicht von guten gegenüber schlechten Folgen für alle Betroffenen herbeiführen.

3.1 Der ethische Egoismus

***Thomas Hobbes** (1588–1679), engl. Staatsmann und Philosoph. Vertreter des Empirismus*

Das mit dem 17. Jahrhundert beginnende **Zeitalter der Aufklärung** löst die großen philosophischen Systeme der Antike und des Mittelalters ab und zeigt beispielhaft die Entthronung des Menschen und damit auch den Umsturz bisher unbefragt geltender Autoritäten. Neu ist vor allem die Entdeckung der Vernunft als rein menschliche Vernunft, die tradierte Autoritäten einer kritischen Prüfung unterzieht und in ihrem Geltungsanspruch zurückweist. Sichtbar wird das vor allem an den neu entstehenden Naturwissenschaften, die auf unmittelbarer Erfahrung und Beobachtung der Natur gründen und auf der menschlichen Vernunft als alleiniger Quelle sicherer Erkenntnis aufbauen.

***Historische Situation:** Europ. Religionskriege (1618–1648) englischer Bürgerkrieg (1642–1646)*

Hobbes geht von einem neuzeitlichen Menschenbild aus, von einem rationalen, auf sich selbst bezogenen Individuum, das bestimmt wird durch Streben nach Selbsterhaltung, Lustgewinn und Macht. Der Mensch als **rationaler Egoist** wird bestimmt durch seine Leidenschaften, geleitet aber durch eine pragmatische, zu seinem Vorteil kalkulierende Vernunft. Da im vorstaatlichen Zustand alle ausgestattet sind mit prinzipieller Gleichheit und natürlicher Freiheit, ergibt sich automatisch ein Konfliktzustand. Jeder versucht, seine Bedürfnisse so ungehemmt wie möglich zu befriedigen und soviel Macht wie nötig zu erlangen.

***homo homini lupus est:** der Mensch ist dem Menschen ein Wolf*

Die ursprüngliche Gesellschaft im vorstaatlichen Zustand ist ein tendenzieller „Krieg aller gegen alle“ *(bellum omnium contra omnes)*. In diesem vorstaatlichen Zustand hat jeder Mensch ein Recht auf unbeschränkte Freiheitsausübung, ein **natürliches Recht** auf alles, sowie ein von Natur mitgegebenes unumschränktes Recht auf Selbsterhaltung, das der Einzelne mit allen ihm zur Verfügung stehenden Mitteln durchsetzen kann.

***jus naturale:** Recht auf Leben*

Der Einzelne kann im **Naturzustand** nur dann in einiger Sicherheit leben und die Befriedigung seiner Bedürfnisse langfristig sichern, wenn er seine Macht im Kampf mit den anderen stets erweitert; er lebt in ständiger Furcht und Gefahr des gewaltsamen Todes. Das aber ist dem Glücksverlangen und der Begierde nach Dingen, die zum angenehmen Leben notwendig sind, entgegengesetzt. Darum rät die pragmatische Vernunft im Sinne des Wohllebens, die eigene Willkür zugunsten eines rechtsstaatlichen Zustandes einzuschränken und die Selbsterhaltung auf andere als nur gewaltsame Weise sicher zu stellen, nämlich durch **Moral und Recht**. Die Gesetze der Natur geben solche Klugheitsregeln für die Selbsterhaltung vor. Sie entspringen der nüchternen Überlegung des langfristig planenden Egoisten, der die allgemein anempfohlene Rücksichtnahme auf den anderen nur deshalb befolgt, damit er den wesentlich eigennützigen Zweck, in Frieden leben zu können, möglichst ohne zu große Kosten erreichen kann.

Naturzustand: *gedankliches Modell, Gedankenexperiment*

pragmatische Vernunft: *zweckrationale Kalkulation im Selbstinteresse*

leges naturales: *Goldene Regel als Klugheitsregel*

Die gegenseitige **Freiheitsbeschränkung** und Freiheitssicherung wird untereinander vertraglich geschlossen, zudem muss gesichert werden, dass sich alle an den ursprünglichen Vertragsschluss halten. So sieht Hobbes ein zweistufiges Vertragsmodell vor: einen **Urvertrag** oder Einigungsvertrag und einen **Unterwerfungs- oder auch Begünstigungsvertrag**, der die staatliche Macht einsetzt. In einem Urvertrag vereinbart jeder mit jedem sein Recht auf alles zu verzichten, wenn der andere ebenfalls dazu bereit ist. Da aber nicht vorausgesetzt werden kann, dass die Individuen sich freiwillig an die selbstgegebenen Gesetze halten, fordert Hobbes die Einsetzung einer mit souveräner Macht ausgestatteten Instanz, der die Einzelnen absoluten Gehorsam schuldig sind und die dafür absoluten Schutz gewährleistet. Der alleinige Weg zur Errichtung einer solchen zwingenden Gewalt liegt darin, dass die Menschen ihre gesamte Macht und Stärke auf eine Instanz übertragen, den Staat, und durch einen Vertrag eine **absolute Staatsgewalt,** den großen Leviathan, einsetzen. Motiviert durch wohlverstandenes Selbstinteresse vereinbart jeder mit jedem anderen, in Zukunft einem Dritten absoluten Gehorsam zu leisten. Der Naturzustand geht so über in den **staatlichen Rechtszustand**.

Freiheit: *ungehinderte körperliche Bewegungsfreiheit*

Begünstigungsvertrag: *Rechtsakt zur Begünstigung eines Dritten*

Leviathan: *mythologisches Ungeheuer der Bibel (Hiob) in Gestalt einer Schlange*

absolute Anarchie	→	**absolute Herrschaft**
Recht aller auf alles		gleiches Recht für alle
Willkürherrschaft		Zwangsgewalt
Naturzustand	→	**Rechtszustand**

Das Hobbesche Staatsmodell funktioniert nach dem **Prinzip des ethischen Egoismus**, das besagt, dass jeder in seinem Handeln und Urteilen auf lange Sicht seinen eigenen Vorteil zum Maßstab nehmen sollte. Allgemein

Egoismus: *rationaler Interessenkalkül zu eigenen Gunsten*

befolgt würde diese Handlungsmaxime zu einer konfliktfreien Gesellschaft führen, da der eigene Vorteil mit dem aller anderen zusammenfällt, wenn alle miteinander kooperieren würden. Da aber eine vertragliche Selbstbindung und freiwillige Selbstverpflichtung nicht vorausgesetzt werden können, muss dem **Souverän** die ungeteilte Macht zufallen. Er ist unabsetzbar, denn im Fall des angenommenen Vertragsbruchs gäbe es keinen Richter, der die Befugnis oder Macht hätte, ein Urteil zu sprechen und durchzusetzen. Seine Entscheidungen sind unanfechtbar, da die Untertanen durch Vertrag dem Souverän freiwillig und wissentlich eine Generalermächtigung für alle Maßnahmen erteilt haben, die der Vertragszweck der inneren und äußeren Sicherheit erfordert. Der Souverän hat die **absolute Macht** nur so lange, wie er die Aufgabe erfüllt, das Leben der Bürger im Inneren und nach außen zu schützen. Dort, wo er seiner Schutz- und Friedenspflicht nicht mehr nachkommen kann, entfällt logischerweise die Vertragsgrundlage – hier endet die Gehorsamsverpflichtung des Bürgers.

Souverän: *absolute Befehlsgewalt und Gesetzgebungskompetenz der staatlichen Gewalt*

Gewaltmonopol: *Besitz der politischen Hoheitsrechte, der Legislative, Exekutive, Jurisdiktion, keine Gewaltenteilung*

Daraus folgt für die **Bürger**, dass es im Staat kein Widerstandsrecht geben kann. Die Entscheidungen des Herrschers sind unmittelbar Ausdruck des Willens seiner Untertanen. Ein Widerstand gegen die Maßnahmen enthält einen logischen Widerspruch. Man würde sich weigern, etwas zu tun, dem man selbst zugestimmt hat. Mit dem Urvertrag haben die Bürger den Souverän zum Träger und alleinigen Ausübenden ihres politischen Willens gemacht, sie haben ihren politischen Willen aufgegeben, d.h. sich selbst als Bürger entmündigt.

Allerdings hat dieses vertragliche Modell auch unübersehbare positive Folgen: Dem Einzelnen ist jetzt ein Freiraum für die ungehinderte Verfolgung seiner privaten Interessen eröffnet. In die **freie Selbstentfaltung** der Untertanen soll der Staat nicht eingreifen, sondern sie nur im intersubjektiven Kräftefeld sichern. Der Staat sichert dem Untertanen Freiheitsspielräume, in denen er seine individuellen Interessen verfolgen kann und ermöglicht ihm Frieden und Glück als Bürger.

3.2 Das moralische Gefühl

Seit dem Ende des 18. Jahrhunderts entwickelt sich in England eine Strömung, die den Maßstab der moralisch guten Handlung in ihrer **Utilität** sieht, sie aber nicht, wie etwa Hobbes egoistisch begründet, sondern danach fragt, ob die dem **Nützlichkeitsprinzip** verpflichtete Handlung das höchstmögliche Wohlergehen aller Betroffenen zur Folge hat. Der Begriff des Nutzens wird von den Utilitaristen verschieden interpretiert; immer jedoch wird er gleichgesetzt mit einer Vorstellung des Guten, des Glücks, dessen inhaltliche Bestimmung gemäß des pluralistischen Ansatzes offen bleibt. Das Glück als Ziel menschlichen Handelns wird nicht mehr wie in dem individual-eudämonistischen Ansatz der antiken Ethik wesentlich im Hinblick auf die eigene Glückseligkeit des Einzelnen bestimmt, sondern das eigentliche Wesensmerkmal des sittlich Guten ist die Ausrichtung des menschlichen Handelns auf das *bonum commune*, das Glück der Allgemeinheit oder den allgemeinen Nutzen.

Utilitarismus: *ethische Position, die im Nützlichen die Grundlage sittlichen Verhaltens sieht*

bonum commune: *Gemeinwohl, das der Gesellschaft Nützliche, Zuträgliche, Beste*

Eine grundlegende Fassung und Ausgestaltung des Prinzips, welches das Wohlwollen und das darauf bezogene Glück der Allgemeinheit als das eigentliche Wesensmerkmal des sittlich Guten bestimmt, findet sich in den einflussreichen moralphilosophischen Schriften **David Humes**. Seine Lehre stellt eine Theorie der Grundverfassung des menschlichen Geistes dar, die einen für alle Wissenschaften vom Menschen gültigen Rahmen bereitstellen soll. Wahrnehmung und Erinnerung liefern das sichere Fundament für seine **empirische Philosophie**, in der Hume stets die fundamentale Rolle der Gefühle gegenüber dem Verstand betont. Er wählt die **experimentelle Methode**, um ausgehend von Beobachtung und Beschreibung psychologischer Vorgänge die allgemeinen Prinzipien aufzudecken, nach welchen sich jeweils die sittlichen Urteilsakte im menschlichen Gemüt vollziehen. Dabei wird die Wirklichkeit moralischer Wertunterscheidungen als unleugbares Faktum vorausgesetzt. Um das Eigentümliche dieser besonderen Gefühle der Billigung und Missbilligung sowie ihr Entstehen sachgerecht zu erfassen, verzichtet Hume von vornherein auf strenge Allgemeingültigkeit; er folgt dabei seinem in der theoretischen Philosophie entwickelten Grundsatz, dass unser eigentliches Wissen außer in rein formalen Denkprozessen nicht den Gewissheitsgrad der Wahrscheinlichkeit überschreitet .

David Hume
(1711–1776) bedeutendster Philosoph der engl. Aufklärung, schottischer Diplomat, Historiker

Für Hume ist das Nützlichkeitsprinzip eine „Hauptquelle für moralische Unterscheidungen“ und ein objektiver Grund der sittlichen Wertschätzungen. Darüber hinaus ist die Nützlichkeit „eine Quelle des moralischen Gefühls“, das „alles, was zum Glück der Allgemeinheit beiträgt“, „unserer Billigung und unserem Wohlgefallen unmittelbar nahe legt.“ Den Grund für das **moralische Gefühl** sieht Hume in der Fähigkeit des Mitempfindens (sympathy) mit den anderen und ihrem Wohlergehen, die neben der objektiven eine entscheidende subjektive Voraussetzung der sittlichen Wertschätzungen ist. Hume begreift diese soziale Emotion ebenso wie den Egoismus als in der menschlichen Natur angelegt; beide sind nicht aus den gesellschaftlichen Gegebenheiten erklärbar, sondern liegen ihnen zugrunde.

moral sense: *moralisches Gefühl als Quelle sittlichen Beurteilens*

Die **Sympathie** wird zum allgemeingültigen Prinzip der Moral, wenn sie als individuelles Allgemeininteresse auftritt, denn jede moralische Zustimmung basiert nach Hume auf einer bei allen Menschen gleichen Emotion, die bei der Einfühlung in das gemeinsame Interesse entsteht. Das moralische Gefühl (moral sense) ist dann neben dem Nützlichkeitsprinzip die Instanz der moralischen Bewertung. Voraussetzung dafür ist eine scharfe Selbstbeobachtung und Wahrnehmung eigener Gefühle sowie eine affektive Kommunikation. Daher ist das „sentiment of humanity“ ein Gefühl, das „universell und umfassend“ von subjektiver Befindlichkeit Abstand nimmt und Distanz zu dem eigenen subjektiven Befinden verlangt.

sympathy: *Fähigkeit, von eigenen selbsterfahrenen Gefühlen auf andere zu schließen, psychischer Mechanismus der emotionalen Kommunikation durch wechselseitige Identifikation*

Ausgang ist eine ausführliche, auf empirische Beobachtung gegründete **Affektenlehre**, mit der Hume sich vor allem gegen die englischen Rationalisten und ihre Behauptung wendet, dass sich sittliche Urteile aus logisch erfassbaren Verhältnissen an den Dingen selbst ableiten lassen. Für

Affekt: *Empfindung, Gemütsbewegung wie Begierde, Freude, Stolz, Hass*

Hume müssen sie dagegen auf etwas empirisch Nachweisbarem, der Beobachtung Zugänglichem beruhen, auf inneren Empfindungen oder dem „moral sense“. Die genuin moralischen Gefühle entstehen durch Mitgefühl oder Sympathie, genau: durch den Vorgang des Mitteilens und Übertragens von Empfindungen, der einen allgemeinen Maßstab der moralischen Beurteilung erzeugt. Das Prinzip der Sympathie legt nicht allein den Grund für die sittliche Anerkennung überhaupt, indem es das Gefühl des moralischen Wertes erzeugt, sondern beeinflusst auch das Entstehen zahlreicher anderer Affekte wie Nächstenliebe, Freude usw. Vom Standpunkt des Empiristen aus betrachtet ist es nun ohne weiteres einleuchtend, dass die Sympathie auf Grund der beschriebenen Funktion zu einem allseitig wirksamen Prinzip der sittlichen Empfindungen im menschlichen Gemüt werden muss.

Genuin moralische Gefühle entstehen zwar durch den Vorgang des Mitteilens oder Übertragens von Gefühlen, sie finden aber ihren Ausdruck in moralischen Urteilen, in der **Sprache der Moral**, in der wir uns über individuelle und gemeinsame menschliche moralische Empfindungen, Erfahrungen auf einem gemeinsamen Standpunkt verständigen. Wer diesen **Standpunkt der Moral** einnimmt, muss von seiner persönlichen Lage absehen und einen Standort wählen, den er mit anderen gemein hat. In der Ethik des 20. Jahrhunderts ist dies der Standpunkt eines unabhängigen, vorurteilslosen, unparteilichen, objektiven, leidenschaftslosen, neutralen **Beobachters**, von dem aus moralische Regeln beurteilt werden, deren Befolgung im Interesse von jedermann liegt. Der Standpunkt der Moral verbindet den Standpunkt des Eigeninteresses mit der Forderung, dass moralische Regeln zum Nutzen von jedermann ohne Unterschied sein müssen.

3.3 Der klassische Utilitarismus

Jeremy Bentham *(1748–1832) Jurist, Philosoph und Sozialreformer, Begründer des Utilitarismus*

Jeremy Bentham, der als der eigentliche Initiator und Begründer eines von vornherein nicht-egoistisch verstandenen Utilitarismus gilt, legt die erste und systematische Exposition des Nützlichkeitsprinzips dar, das er unter Berufung auf die Philosophie von Hume formuliert und nun zum „alleinigen“ Prinzip des sittlichen Handelns erklärt.

Histor. Situation: *18. Jh. industrielle Revolution, Entstehung des Kapitalismus in England*

Das Prinzip der Nützlichkeit dient Bentham als Grundlegung eines Systems, dessen Ziel es ist, das „Gebäude der Glückseligkeit durch Vernunft und Recht zu errichten“; zu seiner Rechtfertigung weist er auf einen Trieb hin, dem die Natur „das Fortbestehen der Gattung und einen großen Teil ihres Glücks anvertraut hat“. Er entwirft eine **Sozialethik**, die auf der Basis des Nützlichkeitsprinzips eine unerlässliche Grundlage für eine wissenschaftliche Gesetzgebung und rationale Gesellschaftsreform abgeben und das gesamte staatliche Wirken im Bereich der Administration, der Gesetzgebung und des Strafsystems normativ begründen soll. Die Aufgabe einer guten Regierung sieht Bentham dann analog darin, die größte Wohlfahrt für die größtmögliche Zahl der Bürger zu schaffen. Ausgerichtet ist die Nützlichkeit dabei auf das „größtmögliche Glück der größten Zahl“.

Die hedonistische Bestimmung des Nützlichkeitsprinzips, wonach das als geboten gilt, was möglichst viel Lust (pleasure) und möglichst wenig Leid (pain) schafft, begründet Bentham sowohl deskriptiv als Motiv oder Ursache einer Handlung als auch normativ als Rechtfertigung, die einen Gesetzgeber oder sonstigen Zuschauer berechtigen, diese Handlung mit Billigung zu betrachten. Der Endzweck besteht in dem Höchstmaß an Lust für den Einzelnen und die Gemeinschaft; das Nützliche ist das Mittel, im höchsten Maß eines solchen Glücks teilhaftig zu werden.

pain and pleasure: *„Die Natur hat den Menschen unter die Herrschaft zweier souveräner Gebieter – Leid und Freude – gestellt".*

Der Grundgedanke, dass eine egoistische Motivationsstruktur durchaus zu altruistischem Handeln führen kann, setzt aber eine natürliche Kongruenz von persönlichem und allgemeinem Wohlbefinden voraus; ist diese nicht vorhanden, muss sie künstlich hergestellt werden. Dazu entwickelt Bentham eine präzise Methode, einen Glücks-Kalkül, in dem man durch rationale Kalkulation die Lust zu maximieren und das Leid zu minimieren sucht. Der **hedonistische Kalkül** ist ein Verfahren zur Messung des hedonistischen Werts von Empfindungen, also eine Berechnungsgrundlage für die Größe von Lust und Unlust, wobei das Glück additiv als eine positive Summe aus Lust- und Unlusteinheiten definiert ist, die von einer Handlung bewirkt werden können. Ausgehend von der Forderung, das „maximale Glück aller Betroffenen" zu berechnen, versucht der hedonistische Kalkül mit Hilfe des mathematischen Instrumentariums der Addition und Subtraktion die Bestimmung der Gratifikationsbilanz. Danach werden zunächst Freude und Leid für den Einzelnen bestimmt und durch Subtraktion der Leid- von der Freudmenge die Gratifikationsbilanz (Glücksbilanz) errechnet. Der soziale Wert einer Handlung bemisst sich nach dem mathematisch gleicherweise einfach wie exakt kalkulierbaren Gratifikations-Netto. Als gesellschaftlicher Nutzen gilt nichts anderes als die arithmetische Summe des Wohlbefindens aller Einzelnen.

hedonistischer Kalkül: *Glücks-Kalkül, Nützlichkeitsmatrix*

Gratifikation: *Befriedigung von Bedürfnissen oder Erfüllung von Wünschen und Interessen*

Von Bentham übernimmt **John Stuart Mill** das Prinzip des auf das größte Glück der größten Zahl ausgerichteten Nutzens und baut es in mancher Hinsicht weiter aus. Grundprinzip der Moral und Quelle aller sittlichen Verpflichtungen ist für ihn das Prinzip der Nützlichkeit, das er gleichsetzt mit dem Prinzip des größten Glücks. Als ein einheitliches rationales Grundprinzip hat es den Status eines **moralischen Axioms**, das eine allgemeinverbindliche Grundlage moralischer Verpflichtung abgeben kann.

John Stuart Mill *(1806–1873) engl. Philosoph, Psychologe, Soziologe, Vertreter des Empirismus und Positivismus*

Axiom: *als absolut richtig erkannter Grundsatz*

Benthams Versuch einer rein quantitativen Glücksbestimmung, nach der sich Lust und Unlust genau messen und die gemessenen Glückswerte (Lust/Unlustwerte) exakt miteinander vergleichen lassen, ist in der Folgezeit auf Kritik gestoßen. Schon Mill gibt gegen den rein **quantitativen Hedonismus** zu bedenken, dass menschliche Bedürfnisse auch qualitativ unterschieden werden müssen. Mill erweitert den hedonistischen Kalkül, indem er zu Recht auf verschiedene Arten von Lust aufmerksam macht. Um die Vielfältigkeit des menschlichen Fühlens und Wollens adäquat zu erfassen, entwickelt er im Gegenzug einen **qualitativen Hedonismus**. Zur Bestimmung seines qualitativen Nützlichkeitsbegriffs übernimmt Mill aus der Tradition positive und negative Definitionen des allgemein Wünschenswerten, die er in zwei **Kategorien von Freuden** unterteilt.

quantitativ: *mengenmäßig*

qualitativ: *wertmäßig*

1. **Niedere Freuden,** vor allem körperliche Lüste (Essen, Trinken, Sexualität, Rauschgenüsse), die traditionell tierischen Lüste. Die Quellen der körperlichen, sinnlichen Lustempfindungen sind beim Menschen aber andere als bei den Tieren; die Lust des Tiers wird der menschlichen Vorstellung auch hier schon nicht gerecht.
2. Von den körperlichen Genüssen werden die **höheren Freuden** unterschieden, die Freuden des Verstandes, der Empfindung und Vorstellungskraft sowie des **sittlichen Gefühls**; ihnen wird ein weit höherer Wert zugeschrieben als denen der bloßen Sinnlichkeit. Die geistige Lust ist deswegen höherwertig, weil sie Dauerhaftigkeit, Verlässlichkeit, Unaufwendigkeit verspricht.

axiologisch: *nach Wertmaßstäben ausgerichtet*

Mit dieser Hierarchisierung führt Mill einen Bewertungsmaßstab in der axiologischen Dimension ein, der keine quantitative Hochrechnung von Glückswerten darstellt, sondern das **abwägende Beurteilen** eines moralisch kompetenten Beobachters, der alle Freuden bzw. Bedürfnisse kennt und der den geistigen den Vorzug gibt. Er hat mit beiden Arten Erfahrung und wird in einer vergleichenden Bewertung die geistigen Freuden stärker erstreben als die sinnlichen. Mill legt uns hier die Auffassung nahe, dass Menschen, die höhere Bedürfnisse, Charakterstärke, edlere Gefühle, geistige Interessen haben, auf moralischem Gebiet kompetenter sind. Mit der Berufung auf die Instanz des Empfindungs- und Urteilsvermögen der Erfahrenen fordert er von dem Handelnden, „mit strenger Unparteilichkeit zu entscheiden wie ein unbeteiligter und wohlwollender Zuschauer"; er nimmt dabei den **Standpunkt der Moral** ein. Dadurch überwindet Mill den einseitig auf Lust-Unlust bezogenen Hedonismus Benthams zugunsten einer pluralistischen Wertlehre; er verlagert damit allerdings das Problem des hedonistischen Kalküls auf das Problem einer **Hierarchie der Werte**.

Nutzensummenutilitarismus: *fasst die Gesamtsumme des Nutzens über alle Individuen als zu maximierende Größe auf*

„everybody is counted for one and nobody for more than one"

Als Maßstab des kompetenten Moralbeurteilers, des idealen Utilitaristen, gilt nicht das größte Glück des Handelnden selbst, sondern das größte Glück insgesamt. Zwar enthält schon der auf die Maximierung des **kollektiven Gesamtnutzens** ausgerichtete hedonistische Kalkül Benthams eine Theorie vom Allgemeinwohl, denn eine Handlung entspricht ja nur dann dem „Prinzip der Nützlichkeit, wenn die ihr innewohnende Tendenz, das Glück der Gemeinschaft zu vermehren, größer ist als irgendeine andere ihr innewohnende Tendenz, es zu vermindern". Die Gemeinschaft ist nach Bentham „ein fiktiver Körper, der sich aus den Einzelpersonen zusammensetzt, von denen man annimmt, dass sie sozusagen seine Glieder bilden". Das Interesse der Gemeinschaft besteht in der Summe der Interessen der verschiedenen Glieder, aus denen sie sich zusammensetzt. Das Bemühen um dieses größte Glück, das Gemeinwohl, steht darum dem egoistischen Einzelinteresse nicht entgegen, sondern kann widerspruchsfrei zur Triebkraft für das handelnde Individuum werden, das, psychologisch gesehen, auf den Erwerb seiner größtmöglichen Lust ausgerichtet bleibt, denn die Lust wird dadurch, dass man anderen mit Wohlwollen begegnet noch maximiert. Durch Hineinversetzen wird das Glück des anderen der Grund für die eigene Glückseligkeit und die Ausbreitung dieses

Zustands würde mithin psychologisch die Suche nach dem kollektiven Glück rechtfertigen. Entscheidend für den Utilitaristen ist es, „dass andere durch ihn glücklicher sind und dass die Welt insgesamt durch ihn unermesslich gewinnt“.

Das empirisch größte Glück aller Betroffenen ist für Mill dann der letzte Zweck, um dessentwillen alles andere wünschenswert ist; es wird inhaltlich vorgestellt als „ein Leben, das so weit wie möglich frei von Unlust und in quantitativer und qualitativer Hinsicht so reich wie möglich an Lust ist“. Wenn auch der Inhalt des gesuchten Glücks nicht näher bezeichnet werden kann, sind doch die negative Bestimmung der **Leidensfreiheit** und die positive als ein Optimum an **Wohlergehen** allgemein konsensfähig. Aus dieser Grundhaltung, dass das Glück in diesem Leben machbar ist und das Leiden vermieden werden kann, formuliert schon Mill wichtige Grundsätze einer **Sozialethik**. Die größten Übel der Welt, die wichtigsten Ursachen menschlichen Leidens, z.B. Armut, sind danach prinzipiell ausrottbar; sie lassen sich in erheblichem Umfang durch menschliche Mühe und Anstrengung beseitigen, wozu aber oft ein persönlicher Glücksverzicht notwendig sein kann. Der Entschluss, ohne Glück auszukommen um das Glück in der Welt zu vermehren, kann am ehesten geeignet sein, so viel Glück zu bewirken, wie überhaupt nur erreichbar ist. Allerdings ist nicht der gesinnungsethische Selbstverzicht moralisch wertvoll, sondern nur das utilitaristisch verstandene Opfer zum Wohl anderer, das den Gesamtbetrag des Glücks erhöht.

Kern der Ethik: *Goldene Regel – Ethik der christlichen Nächstenliebe*

3.4 Handlungs-, Regel- und Präferenzutilitarismus

Der Utilitarismus ist heute keine einheitliche Moraltheorie, sondern seit seiner Begründung im 18. Jahrhundert haben sich verschiedene ethische Positionen entwickelt, die aber einige Gemeinsamkeiten in den Grundgedanken aufweisen. Die **Folgen- oder Nützlichkeitsethik des 20./21. Jahrhunderts** geht von einem vergleichsweise simplen Gedankenexperiment aus: „Was würde geschehen, wenn jeder so handelte? Stell dir vor, was es für Folgen hätte, wenn alle sich so verhielten!“ So ist der Ansatz zwar empirisch (Alltagsmoral), die Methode der Normbegründung besteht aber in der rationalen Reflexion und beansprucht Wissenschaftlichkeit. Daraus ergibt sich das Kriterium der moralischen Beurteilung von Handlungen/Normen:

nach Otfried Höffe, *Einführung in die utilitaristische Ethik (1975)*

Diejenige Handlung bzw. Handlungsregel ist moralisch richtig, deren Folgen für das Wohlergehen aller Betroffenen optimal sind.

Die Grundformel, die sich als eine teleologische Argumentationsweise ausweist, enthält vier Teilkriterien:

1. **Konsequenzenprinzip:**
Als teleologische Ethik bestimmt sich die moralische Richtigkeit der Handlungen von den **Folgen** her (impliziert empirische Ausrichtung); dass die Ermittlung der Handlungsfolgen nur von den empirischen Wissen-

schaften erwartet werden kann, entspricht dem Ideal der Wissenschaftlichkeit.

2. **Utilitätsprinzip:**
Maßstab für die Beurteilung der Folgen ist ihr **Nutzen** für das, was an sich gut ist (impliziert Werttheorie). Die Bestimmung des Nützlichen richtet sich nach dem außermoralischen Guten.

3. **Hedonistisches Prinzip:**
Kriterium der Beurteilung der Folgen einer Handlung ist das menschliche Glück, das in der maximalen **Bedürfnis- und Interessenbefriedigung** bzw. der minimalen Frustration besteht. Entscheidend ist das Maß an Lust, das die Handlung hervorruft, vermindert um das mit ihr verbundene Maß an Unlust

4. **Universalistisches Prinzip:**
Ausschlaggebend für den Gratifikationswert ist das **Wohlergehen aller** von der Handlung **Betroffenen** (impliziert Sozialpragmatik). Die Ausrichtung auf das Glück aller und die Verpflichtung auf das allgemeine Wohlergehen erfordert minimales soziales Engagement.

Die zeitgenössischen utilitaristischen Ethiken legen größten Wert auf die Unparteilichkeit des moralischen Standpunktes und auf die gleichmäßige Beförderung der Interessen aller. Eine Handlung gilt als richtig, wenn die Folgen optimal sind. Der Utilitarist steht aber vor unvorhergesehenen Schwierigkeiten, wenn er nach seiner Norm handeln will, die das größtmögliche Glück nicht einfach nur für den Handelnden selbst, sondern für alle von der Handlung in irgendeiner Weise Betroffenen hervorbringt. Er ist gezwungen, in jeder Situation neu zu überlegen, welche Handlung, bezogen auf diese Situation, die besten Folgen hat. Schon Mill hat dieses Problem, dass vor dem Handeln nicht genügend Zeit bleibt, die Auswirkungen und Handlungsfolgen auf das allgemeine Glück zu berechnen, gesehen und geraten, sich an allgemeinen Regeln zu orientieren und zu fragen, ob die Handlung zu einer Klasse gehört, die allgemein praktiziert, aufs Ganze gesehen nützlich oder schädlich wäre. Er unterscheidet zwischen zwei Arten von Handlungsregeln:

- **konkrete Regeln**, die für eine **Einzelhandlung** unmittelbare Nützlichkeit fordern,
- **allgemeine Regeln**, die eine **Klasse von Handlungen** betreffen und so auf mittelbare Nützlichkeit zielen

Auf dieser zweistufigen Konzeption von Primär- und Sekundärregeln, die besonders Anwendungsprobleme überwinden will, basiert die Weiterentwicklung des Utilitarismus im 20. Jahrhndert Zentral ist das Problem der Folgenabschätzung unter der Fragestellung, ob die ethische Richtigkeit von Handlungen nach den tatsächlichen Folgen dieser Handlung bemessen werden soll oder ob anstatt der Folgen der jeweiligen spezifischen Handlung die Folgen einer Klasse von Handlungen, der diese Handlung angehört, beurteilt werden sollen. Das führt zu der für den modernen Utilitarismus zentralen Unterscheidung des extremen oder eingeschränkten Utilitarismus, bzw. des **Handlungsutilitarismus** oder **Regelutilitarismus**.

Handlungs-, Regelutilitarismus: *Begriffe von* ***R.B.Brandt****, Ethical Theory (1959)*

Ein wichtiger Vertreter des Handlungsutilitarismus im 20. Jahrhundert ist **John J. C. Smart**. Mit den klassischen Utilitaristen Bentham und Mill verbindet ihn die gemeinsame ethische Position, dass nur dasjenige Handeln richtig ist, das aufgrund seiner Konsequenzen nützlich ist für das größtmögliche Glück aller von der Handlung betroffenen Personen. Den Handlungsutilitarismus definiert Smart als diejenige Auffassung, nach der „die Richtigkeit oder Falschheit einer Handlung anhand der guten oder schlechten Konsequenzen dieser Handlung bestimmt werden muss". Der Handlungsutilitarist kommt in die nicht unerhebliche Schwierigkeit, dass er in jeder konkreten Situation die wahrscheinlichen positiven Folgen für den einen Betroffenen gegen die wahrscheinlich negativen Folgen für den anderen Betroffenen aufrechnen muss; letztlich ein umständliches und irrtumsbeladenes Abwägen der Handlungsfolgen. Bei Entscheidungen unter Zeitdruck oder in weitgehender Unkenntnis der aktuellen Folgen ist es daher empfehlenswert, sich an **Faustregeln** zu orientieren, nach denen gewohnheitsmäßig gehandelt wird.

*John J. C. Smart (*1920) hatte schon 1956 eine ähnliche Unterscheidung getroffen:* ***extremer und eingeschränkter Utilitarismus***

Diese Faustregeln sind verletzbare Regeln und dienen nur dazu, sich die Abschätzung der Gesamtfolgen der jeweiligen Handlung in bestimmten Fällen zu ersparen. Faustregeln haben die Bedeutung von Orientierungsdaten, sie zeichnen keine Handlungsweise als solche im guten oder schlechten Sinne moralisch aus, denn der Handelnde ist jederzeit moralisch dazu berechtigt, die Bewertung, so weit wie möglich, individuell durchzuführen und bei Resultaten, die von den Faustregeln abweichen, der eigenen Bewertung zu folgen. Eine Handlung ist moralisch richtig, weil sie das Wohlergehen der Betroffenen fördert, und nicht, weil sie einer Faustregel entspricht.

Der **Regelutilitarismus** besteht dagegen in der Auffassung, dass die Richtigkeit oder Falschheit einer Handlung anhand der guten oder schlechten Konsequenzen einer Regel bestimmt werden muss, demzufolge jeder die Handlung in ähnlichen Umständen ausführen soll. Auch für den Regelutilitaristen bleibt das höchste Kriterium für moralische Verbindlichkeit das allgemeine Wohlergehen; es ist Prüfstein für die moralische Richtigkeit der Handlung. Der Ableitungsprozess aus diesem Prinzip ist jedoch im Unterschied zum Handlungsutilitarismus zweistufig: zum einen muss die Übereinstimmung der Handlung mit einer Handlungsregel und zum zweiten die Übereinstimmung dieser Regel mit dem Prinzip der Nützlichkeit festgestellt werden. Das **Universalisierungsprinzip**: „Was wäre, wenn jeder so handelte?" wird von den Utilitaristen dann auch in verschiedener Weise ausgelegt. Der Handlungsutilitarismus interpretiert es kausal, denn bei der Bewertung einer Handlung sind die tatsächlich zu erwartenden Vor- und Nachteile zu berücksichtigen. Der Regelutilitarist liefert dagegen eine hypothetische Interpretation, bei der es nicht um die zu erwartenden wirklichen Folgen und Nebenfolgen geht, sondern um die Folgen, die sich, falls jeder so handelte, einstellen.

Regeln: *z. B. die Wahrheit sagen, Versprechen halten, Schulden zurückzahlen*

Universalisierung: *Verallgemeinerungsgrundsatz*

was wäre, wenn jeder so handelte?

kausale Interpretation: **wenn** jeder so handelte einzelne Handlung	hypothetische Interpretation: **falls** jeder so handelte Klasse von Handlungen
↓	↓
Verallgemeinerung von tatsächlichen Handlungsfolgen	Verallgemeinerung von Handlungsregeln
↓	↓
Primat der Handlung	Primat der Regel
↓	↓
Faustregeln Handlungsutilitarismus (extremer U.)	**Allgemeine Regeln** Regelutilitarismus (eingeschränkter U.)

Präferenz: *Vorrang, Vorzug, Interesse*
präferieren: *vorziehen*

Richard Mervyn Hare *(*1919) bedeutender englischer Moralphilosoph, Vertreter der analytischen Ethik und des Präskriptivismus*

Eine der wichtigsten Weiterentwicklungen des Utilitarismus besteht in der Bestimmung des Guten als Präferenzerfüllung. Im danach benannten **Präferenzutilitarismus** geht es nicht mehr um die Maximierung von Glück oder Lust, sondern um die Erfüllung oder Befriedigung von Präferenzen. Präferenzen sind inhaltlich offen und können ganz unterschiedlich motiviert sein. In je höherem Ausmaß die Präferenzen einer Person erfüllt sind, desto größer ist ihr Wohlergehen. Eine der einflussreichsten Theorien dieser Art ist die von **R.M. Hare**, dessen Präferenzutilitarismus entscheidend die angewandte Ethik prägt. Nach dieser präferenzutilitaristischen Argumentation ist es ein Erfordernis der Universalisierbarkeit moralischer Urteile, sich bei der Universalisierung nicht allein als Betroffener zu sehen, sondern von den Interessen der Betroffenen her zu werten, indem man sich ganz in die Situation der Betroffenen, einschließlich ihrer Präferenzen hinein versetzt. Wiegt ihr Interesse an der Vermeidung der Folgen schwerer als das eigene an ihrer Herbeiführung, so kann man sein Werturteil nicht konsequent vertreten. In dieser **interpersonalen Interessenabwägung** wird die Relevanz der Interessen anderer für das eigene moralische Überlegen begründet, dennoch stellt sich das Problem, nach welchen Kriterien diese Interessen untereinander und gegen die Interessen des Urteilenden abzuwägen sind. Hier kommt es auf eine möglichst unparteiische Abwägung der Präferenzen aller Betroffenen an, von denen der Urteilende ja so tun muss, als seien es seine Präferenzen. Hare plädiert für einen eingeschränkten Präferenzutilitarismus, der sich der Frage stellen muss, welche Präferenzen überhaupt berücksichtigt werden können: alle, auch unmoralische, oder nur moralisch gereinigte? Die utilitaristische Theorie muss dann in der Lage sein, die idealen moralischen Präferenzen zu bestimmen, bzw. die Personen müssen ihre Präferenzen an dem ethischen Kriterium des Utilitarismus ausrichten, um das allgemeine Gute zu bestimmen.

4 Kritik der Moral und des Moralismus

4.1 Nietzsche

Die radikalste Kritik aller objektiven und subjektiven Wertsetzungen und die Umwertung aller Werte findet sich in der Philosophie **Nietzsches**. Sie zerstört von einer Position „Jenseits von Gut und Böse" aus die in der abendländischen Tradition überlieferten Werte und Normen und führt so auch einen unerbittlichen Kampf gegen die überlieferte Philosophie, Religion und Moral. Zu den Grundthemen seiner Moralkritik gehört die Frage nach der Herkunft, dem **Ursprung der Wertbegriffe** Gut und Böse, die für Nietzsche gleichbedeutend ist mit der Frage, unter welchen Bedingungen sich der Mensch jene Werturteile gut und böse erfand. Im Unterschied zu allen anderen Lebewesen ist der Mensch das „abschätzende Tier an sich". Schaffen, d. i. Schätzen und Werten, das zu seinen Grundtätigkeiten und Grundüberlebenstechniken gehört, ist aus den Bedürfnissen des Menschen zu erklären und erhebt ihn über das Tier. Aus seiner wertsetzenden Tätigkeit ergibt sich für den Menschen eine **moralische Interpretation** der Welt, die ursprünglich den Wert „gut" setzt für ein axiologisches Höhersteigen, für eine Überwindung des Schlechten, des Schwachen.

Friedrich Nietzsche *(1844–1900), Prof. für klass. Philologie, Philosoph.*
Moralkritik: *Jenseits von Gut und Böse (1886) Zur Genealogie der Moral (1887)*

Ursprünglich, das ist Nietzsches Hauptthese, steht alles Geschehen unter der Herrschaft des Lebens, das sich manifestiert als **Wille zur Macht**. In der Entwicklung des Lebens setzt sich der mächtigste Instinkt durch, denn das Leben selbst wertet in den Kategorien Stärke und Schwäche. In Nietzsches materieller Deutung des Lebens ist der Geist nur eine andere Form des Triebgeschehens und seine Stärke besteht vor allem im Wissen um den Willen zur Macht. Die aus dem lebenserhaltenden, machtstrebenden Instinkt heraus entstehenden Wertsysteme sind gekennzeichnet durch Stärke, Gesundheit und Macht.

Wille zur Macht: *zentrale Kategorie im Spätwerk*

Als Manifestation des Willens zur Macht ist die Moral im Dienste des Lebens wesentlich ein **Herrschafts- und Unterdrückungsmechanismus**. Historisch sieht Nietzsche die Entstehung der Moralkodizes zunächst als Leistung der Völker; ihnen diente die Moral zur Selbsterhaltung und Selbstverwirklichung eines Volkes, die wertsetzenden Instanzen liegen in der Kriegerkaste oder Aristokratie der antiken Völker. Aus einer aktiven, autonomen Wertsetzung entsteht eine vornehme **Herrenmoral**, entsprungen aus dem Pathos der Distanz. Sie ist eine Moral der Rangordnung und operiert mit dem Gegensatz **gut – schlecht**. Gut ist alles, was den einzelnen erhebt, seinem Wesen gemäß ist, gut ist was dem Dasein Adel und Größe gibt. Repräsentant dieser Moral ist der Held, der Krieger. Darum ist die Herrenmoral auch eine ritterliche Moral, ihre Tugenden sind Kriegertugenden. Gegen diese aristokratische Denkweise wendet sich die **Sklavenmoral** (das Ressentiment). Sie ist erfüllt von dem Instinkt der Rachsucht gegen das höhere Leben, sie will alles gleichmachen und verherrlicht die große Brüderlichkeit aller Menschen, die Nächstenliebe, die Friedfertigkeit. Die Sklavenmoral operiert mit dem Wertgegensatz **gut – böse**; das Böse wird nicht verachtet als das Geringe, sondern gefürchtet und gehaßt

Kriegertugenden: *Stolz, Dankbarkeit, Freundschaft*

als Gefahr. Denn das herrische Leben, die Herrenmoral, das seiner Macht und Mächtigkeit bewusst ist, ist für den Sklaven eben das Gefährliche, das Böse.

Ein wichtiger Zug der beiden Moraltypen ist die entgegengesetzte Art der Wertsetzung; während die vornehme Moral aktiv wertschaffend, wertsetzend ist, findet die Sklavenmoral nur Werte vor, sie ist wesentlich passiv. Die Repräsentanten für diesen Typ von Moral sind vor allem die Priesterkasten verschiedener Kulturen, Religionen wie das Judentum und das Christentum, aber auch die Utilitaristen und Sozialisten zählt Nietzsche zu dem Typ der instinktkranken und lebensverneinenden Moral. Die von der Sklavenmoral vollzogene **Umwertung der Werte** stellt Nietzsche so dar:

Herrenmoral, Sklavenmoral: *häufig missverstandene Begriffe z. B. NS-Ideologie*

Herrenmoral	Sklavenmoral
Aktion der Starken →	**Reaktion der Schwachen**
↓	↓
aktiv-autonome Wertsetzung:	passiv-heteronome Wertsetzung:
↓	↓
gut-schlecht ←	**gut-böse**
antike Tugend- und Wertlehren	Judentum/Christentum Utilitarismus/Sozialismus

Dekadenz: *Verfall, Entartung sittlicher und kultureller Niedergang*

Nihilismus *(lat. nihil): Verneinung aller Werte und Normen* ***„Nichts ist wahr, alles ist erlaubt"***

Die Folge der Umwertung der Herren- in die Sklavenmoral, die Nietzsche als erste Umwertung aller Werte begreift, ist ein zunehmender Verfall der lebenserhaltenden Instinkte, eine zunehmende Schwächung und Verneinung des Lebens, die eine Verkleinerung des Typus Mensch ins Mittelmäßige zur Folge hat. Nietzsche prägt dafür den Ausdruck Dekadenz, ihre Kennzeichen sind Wertrelativismus bis hin zum Wertnihilismus. Seine Moralphilosophie will dieser heraufziehenden Gefahr des „europäischen Nihilismus" begegnen durch eine erneute Umwertung der Werte, durch den Sturz alter Wertetafeln und der Errichtung neuer. Dazu muss zunächst die Zwei-Welten-Lehre des Platonismus und des Christentums zerstört werden, weil sie alle Geltung der Werte und damit das Schwergewicht des Seins in ein Jenseits verlegen und damit das Diesseits, d. h. das Irdische, Leibliche entwerten.

Übermensch: *formales Ideal des zukünftigen Menschen, der nach dem Tod Gottes Sinn der Erde ist*

Das entscheidende Ereignis der Umwertung fasst Nietzsche in der Formel „Gott ist tot" zusammen, die gleichbedeutend ist mit dem **Untergang der abendländischen Metaphysik und der christlichen Moral**. Nietzsche propagiert eine neue Epoche der Aufklärung, die die jahrhundertealte Wertsetzung in Religion, Metaphysik und Moral als einen einzigen ungeheuren Irrtum, als die größte Lüge und Unwahrhaftigkeit entlarvt. Die neue, am Diesseits orientierte Wertsetzung ist verbunden mit dem Gedanken des **Übermenschen**, einer zukunftsleitenden Idee in Nietzsches Moralkritik. Der zukünftige Mensch setzt den Sinn des Daseins in die Erde, d. h. in das

Leben. Er hat alle bisherigen Werte als Illusionen idealistischer Selbstentfremdung durchschaut und schafft in einem Akt der **Selbstbefreiung** neue Werte und neue Ideale. Der Mensch, von Nietzsche gedacht als ein sich selbst überwindendes Wesen, kehrt nach dem Tod Gottes aus der Selbstentfremdung zurück in die schöpferische Freiheit, die ihre Götter, ihre Ideale selbst schafft.

4.2 Die feministische Ethik

Die feministische Ethik entsteht im Rahmen und als Ergebnis der Frauenbewegung und der feministischen Philosophiekritik. Ausgangspunkt ist das Problem der **Geschlechterdifferenz**, verstanden als fundamental empirisches Faktum. Damit verbunden ist die Behauptung, dass die bisherigen Theorien der Moral geschlechtsspezifisch konzipiert sind. In den achtziger Jahren des 20. Jahrhunderts hat sich daraus eine Richtung entwickelt, die sich mit der Kritik der traditionellen Ethik befasst.

Geschlechterdifferenz: *engl. „sexual difference" ist biologisch zu verstehen, franz: „difference des sexes" deckt mehrere Bedeutungsnuancen ab*

Der kritische Neuansatz verdankt sich einem Perspektivenwechsel, der durch die Einführung der neuen Kategorie „gender" das Geschlecht als **soziales Konstrukt** in den Blick rückt und damit eine Abgrenzung gegen das natürliche Geschlecht (sex) ermöglicht. Aus der Gender-Perspektive stellen sich menschliche Individuen nicht als biologische Wesen mit unterschiedlichen natürlichen bzw. genetischen Ausstattungen dar, sondern als Wesen, die in ihrem Selbstverständnis, ihrer Geschlechtsidentität durch historische, soziale, kulturelle Prozesse geprägt sind. Daher ist die feministische Ethik im Wesentlichen kritisch. Sie geht von der Voraussetzung aus, dass alle bisherigen Moralvorstellungen **androzentristisch** bzw. **patriarchal** sind, d.h. sich männlichen Denk- und Handlungsgewohnheiten verdanken, die als durch „die Natur" vorgeprägte allgemein-menschliche Normen, im Regelfall männliche Vernunftnormen, unterstellt wurden. Auf der Ebene des Handelns analysiert sie die Defizite dieser „männlichen" Moral und stellt fest, dass die eine Hälfte der Menschheit diese Normen besser durchzusetzen wusste als die andere und dieses mit der natürlichen Überlegenheit des männlichen Geschlechts über das weibliche begründet. Bis ins 21. Jahrhundert hinein wird dadurch die Geschlechterhierarchie legitimiert.

gender *(engl.): soziales Geschlecht*

„Man kommt nicht als Frau zur Welt, man wird es"
Simone de Beauvoir (1908–1986)

Patriarchat: *Vorherrschaft des Mannes*

androzentrisch: *männlich ausgerichtet*

Die feministische Ethik beschränkt sich aber nicht nur auf die Kritik der universalistischen Ethik mit ihren männlichen Moralgrundsätzen, sondern entwickelt **alternative Ansätze** unter dem Anspruch, männliche Vorurteile herkömmlicher Ethiktheorien zu überwinden und eine weibliche Perspektive mit der Rehabilitierung weiblicher Tugenden zu eröffnen. Populär wurde die feministische Ethik durch die psychologischen Unter- suchungen von **Carol Gilligan**, die das moralische Verhalten von Mädchen und Jungen analysierte und eine „andere Stimme" vernahm. Den Anlass zu ihren Untersuchungen gab **Lawrence Kohlbergs** Bewertungsskala moralischen Urteilens, in der die Frauen nur selten die höchsten Stufen der moralischen Entwicklung erreichen. Gilligan zeigt, dass das moralische Denken und Urteilen von Frauen nicht per se unterentwickelt und man-

Carol Gilligan *Prof. f. Pädagogik, Harvard (USA)*

Lawrence Kohlberg *Prof. f. Pädagogik und Psychologie, Harvard (USA). Einflussreiche kognitiv-strukturelle Theorie der moralischen Entwicklung*

gelhaft ist, sondern dass es einem spezifisch anderen Bewertungsschema folgt. Daraus entwickelte sich der Diskurs über zwei Formen moralischen Urteilens: der den Männern zugeordneten **Gerechtigkeitsperspektive**, der die bei den Frauen beobachtete **Fürsorglichkeitsperspektive** gegenübergestellt wird. Danach ist die moralische Wahrnehmung der Frauen von derjenigen der Männer unterschieden, sie ist:

- erstens **kontextsensitiv** und **narrativ**, nicht auf Allgemeingültigkeit bedacht und abstrakt;
- zweitens an **Beziehungen** und **Verbundenheit** orientiert, nicht an Abgrenzung gegenüber anderen bzw. am Prinzip der Nichteinmischung;
- drittens von Gefühlen wie **Empathie** und **Wohlwollen** geleitet, nicht vom Verstand.

Die beiden Perspektiven finden sich auch im moralischen Verhalten der Geschlechter wieder: Frauen scheinen im Verhalten fürsorglicher zu sein, Männer sind dagegen stärker an Gerechtigkeitsvorstellungen orientiert.

Care: *Fürsorglichkeit*

Kritik und Erweiterung: *Gertrud Nunner-Winkler, Carol Gould, Marilyn Friedmann*

Die sich daraus entwickelnde **Care-Ethik** oder Ethik der Fürsorge geht dann von weiblichen Lebens- und Erfahrungszusammenhängen und den daraus resultierenden Wertvorstellungen und Handlungsdispositionen aus. Damit wird das Moralverständnis, die moralische Urteilsfähigkeit reifer, überlegter und intelligenter Frauen umschrieben, das die vernunftbestimmten Moralsysteme z.B. Kants überschreitet, der die Ethik allein in der reinen praktischen Vernunft begründet. Fürsorgeethik entspricht eher einem ganzheitlichen moralischen Entwicklungskonzept, einer Kultivierung der Gefühle und einem Fortschritt der Empfindungen, besonders bezogen auf weibliche Tugenden. Neue Versuche, den Begriff Fürsorglichkeit auch als neuen Ansatzpunkt für Moralphilosophie im allgemeinen zu formulieren und mit der Gerechtigkeitsperspektive wieder zu verbinden, gründen in der Erkenntnis, dass das für Frauen reklamierte Fürsorgeprinzip überhaupt nicht persönlichkeits- oder geschlechtsspezifisch gebunden ist. Auch das moralische Sollen kennt ja in seinem Geltungsanspruch keinen Geschlechtsunterschied, so dass es mit der Fürsorglichkeit in ein ethisches Universalisierungskonzept integriert werden kann.

Vertreterinnen: Nancy Chodorow, Nel Noddings, Sarah Ruddik

Die Care-Ethik wird in der Folgezeit auch ausgebaut zu einer **Ethik der Mütterlichkeit**, deren Vertreterinnen die Mütterlichkeit als universelles und beständiges Element ansehen, das alle Frauen innerhalb der geschlechtsspezifischen Arbeitsteilung aufweisen. Bedingt durch die frühkindliche kulturelle Determinierung wird den Mädchen das Bedürfnis Mutter zu sein bereits eingeprägt, bevor sie Frauen sind. Diese ausschließliche biologisch nicht zu rechtfertigende Fixierung der Mütterlichkeit auf die Frau wollen die Feministinnen in ihren Untersuchungen jedoch aufbrechen durch die Forderung, dass Männer zu gleichen Teilen Erziehungspflichten übernehmen müssten. Die Kinder bekämen dann unterschiedliche Lebensbedingungen und -formen mit und könnten sich freier für eine Rolle, z.B. die der Mütterlichkeit, entscheiden.

4.3 Die evolutionäre Ethik

Die evolutionäre Ethik versteht sich als naturwissenschaftliche, genauer biologische oder soziobiologische Moraltheorie. Die **Soziobiologie** unternimmt den Versuch zu erklären, warum Menschen moralisch handeln. Ihr Anspruch besteht darin, eine wissenschaftlich fundierte, gänzlich unmetaphysische und natürliche Deutung der Moral zu liefern. Die idealistische Ethik hat nach Meinung extremer Soziobiologen vor der Aufgabe einer Klärung des Wesens der Moral und der Begründung moralischer Handlungsorientierung völlig versagt und nun sei die Zeit gekommen, in der die Ethik zeitweilig den Philosophen aus den Händen genommen und biologisiert, d. h. in die „sichere“ Hand der Naturwissenschaften gelegt werden sollte.

Soziobiologie: *Teilgebiet der Verhaltensforschung:* ***Edward O. Wilson*** *Sociobiology (1975)* ***Dawkins,*** *The Selfish Gene (1976)* ***Franz M. Wuketits*** *Gene, Kultur und Moral*

Die ersten Versuche einer evolutionären Betrachtungsweise der Moral datieren aus der Zeit **Darwins**. Die Bedeutung der Theorie Darwins von der stammesgeschichtlichen Entwicklung für die Moraltheorie liegt besonders in ihrer Integrationsleistung, sie umfasst die Gesamtheit der Phänomene des Lebens und damit auch den Menschen. Darwin unternimmt den Versuch, auf dieser Basis eine evolutionäre Einheit der Welt – von der unbelebten Natur über die belebte bis hin zum Menschen und seinen intellektuellen Leistungen – zu begründen und den Menschen, der einschließlich seiner vielfältigen intellektuellen, moralischen und technischen Fähigkeiten ein Produkt der Evolution ist, in diesem Bild zu integrieren.

Charles Darwin *(1809–1882) Naturforscher, Begründer der Abstammungslehre*

Evolutionäre Ethik ist zunächst eine aus der Evolutionstheorie entstandene **biologische Theorie**, daher eine erklärende, aber keine begründende oder normative Theorie. Sie untersucht die evolutionäre Entstehung sittlichen Verhaltens und die natürliche Rolle der Moral, indem sie die **erste Natur** des Menschen, die evolutionsbiologisch bedingten Relikte aufdeckt und prüft, ob diese erste Natur des Menschen seiner Kultur- und Moralfähigkeit (seine **zweite Natur**) Grenzen setzt. In der evolutionären Ethik geht man davon aus, dass nicht nur grundlegende kognitive Strukturen, sondern auch wesentliche Antriebs- und Verhaltensstrukturen in unserem Genom kodiert sind.

Erste Natur: *biologisch determiniert*

Zweite Natur: *kulturell bestimmt*

Grundsätzlich ist menschliches Sozial- und Moralverhalten angeboren, bzw. im darwinschen Sinne ein Resultat der Anpassung an unsere **evolutionäre Vergangenheit**.
Daraus ergeben sich zentrale Fragen, die auf ganz unterschiedliche Weise beantwortet werden:

1. Basiert das menschliche Moralverhalten auf evolutionären Wurzeln, auf im Laufe der humanen Phylogenese erworbenen, genetisch eingepflanzten Verhaltensdispositionen, die auch das moralische Verhalten heutiger Menschen mit bestimmen oder gar determinieren?
2. Ist folglich „Moralität“ nichts anderes als eine funktional zu erklärende evolutionäre Anpassungsleistung, die sich als stabile Strategie des Überlebens erwiesen hat? Sind also bestimmte individuelle Normen und Werte, wie das apriorische „moralische Gesetz in uns“ im Grunde

Phylogenese: *Stammesgeschichte der Lebewesen*

Disposition: *Veranlagung*

nur stammesgeschichtliche Erfahrungen und damit einer naturwissenschaftlichen Erklärung zugänglich?
3. Lassen sich darüber hinaus auf dieser naturalistischen Basis moralische Normen auch begründen und rechtfertigen?
4. Lassen sich umgekehrt anhand jener angenommenen genetisch eingebauten Verhaltensdispositionen solche Ethik-Konzeptionen und Normen-Kodizes als „unrealistisch“ oder „nicht lebbar“ kritisieren und verwerfen, die unserer „ersten” biologischen Natur nicht entsprechen oder ihr sogar entgegenstehen?

Bsp. das ***Zölibat*** *stünde möglicherweise der biologischen Natur entgegen*

In der wissenschaftlichen Diskussion um diese Fragen haben sich verschiedene Positionen ausgebildet. Die radikale Form der evolutionären Ethik behauptet, dass alles menschliche, also auch das moralische Handeln biologisch determiniert ist. Ihre Vertreter erkennen die Existenz natürlicher Verhaltensmuster an und fordern zugleich, dass jede Ethik und jede praktische Philosophie diese Determinanten als unhintergehbare „Eckwerte“ zu akzeptieren habe und insofern nur „mit” den Genen sein dürfe, sofern sie realistisch bzw. lebbar sein wolle. Eine gemäßigte Position vertreten die Befürworter einer evolutionären Ethik als ausschließlich biologischer Theorie, sie erkennen zwar die Existenz genetisch fixierter Verhaltens-Determinanten an, fordern aber zugleich, dass eine zeitgemäße philosophische wie auch politische Ethik, die den Überlebensbedingungen der heutigen Welt gerecht werden will, notwendig gegen die Gene gerichtet sein muss. Diese Ethik gegen die Gene muss dann einer nichtbiologischen, etwa kulturellen oder vernunftimmanenten Quelle entspringen und sie kann ihre Rechtfertigung und Begründung nur im Rückgang auf die Vernunft erfahren. So scheint selbst in einer Welt ohne Transzendenz (also ohne theologisch-metaphysische Begründung der Moral) dennoch das Diktum unhintergehbar, dass moralische Normen durch praktische Vernunft formuliert und begründet werden müssen.

Vertreter:
Edward O. Wilson,
Franz M. Wuketits,
Gerhard Vollmer,
Hans Mohr

„Prüfen Sie selbst, ob in unserer gefährdeten Zeit eine Alternative bleibt zur Herrschaft einer praktischen Vernunft. Die Herrschaft wäre welche? So lange es noch keine wirkliche Alternative gibt, bleibt die Ethik eine Leistung der praktischen Vernunft.“ (Mohr)